Dinámicas de la Gran Distribución: Un Análisis Multidimensional de los Mecanismos, Desafíos y Oportunidades en el Retail Moderno

Análisis Profundo de las Innovaciones, Tendencias Emergentes, Estrategias Competitivas y Casos de Éxito y Fracaso en el Sector Minorista

Distribución Minorista Moderna

1. Historia de la Gran Distribución
2. Tipologías de Estructuras (Hipermercados, Supermercados, Descuentos, etc.)
3. Geografía de la Distribución (Ubicación, Concentración, etc.)
4. Evolución Tecnológica (E-commerce, Aplicaciones, Autoservicio, etc.)
5. Logística y Cadena de Suministro
6. Gestión de Inventarios y Almacenes
7. Merchandising y Diseño de Tiendas
8. Marcas Blancas vs Marcas Reconocidas
9. Estrategias de Precios
10. Marketing y Publicidad
11. Fidelización del Cliente (Programas de Fidelidad, Tarjetas de Puntos, etc.)
12. Análisis del Comportamiento del Consumidor
13. Responsabilidad Social Empresarial (Sostenibilidad, Ética, etc.)
14. Gestión de Recursos Humanos
15. Relaciones con los Proveedores
16. Normativas y Regulaciones
17. Internacionalización y Globalización

1. Historia de la Gran Distribución

La historia de la gran distribución es vasta y variada, entrelazándose con la evolución socioeconómica del mundo a lo largo del tiempo. Aquí se presenta un desarrollo básico del punto:

Historia de la Gran Distribución

1. Orígenes:

- Finales del siglo XIX: Los inicios de la gran distribución se remontan al final del siglo XIX con la apertura de los primeros grandes almacenes en Estados Unidos y Europa.
- Primeros Grandes Almacenes: Le Bon Marché en París, Harrods en Londres y Macy's en Nueva York son ejemplos de pioneros en este sector.

2. Expansión y Diversificación:

- Años 20 y 30: Se desarrollan los primeros supermercados y tiendas de descuento.
- Después de la Segunda Guerra Mundial: Se observa una expansión significativa de la gran distribución, especialmente en Estados Unidos, con la apertura de centros comerciales y cadenas de supermercados como Walmart.

3. Globalización:

- Años 80 y 90: Las cadenas de la gran distribución comienzan a expandirse a nivel mundial. Walmart, Carrefour y Tesco se convierten en marcas globales.

- Ingreso a los Mercados Emergentes: Las grandes cadenas comienzan a ingresar a los mercados asiáticos, sudamericanos y africanos, adaptando sus modelos de negocio a las culturas locales.

4. Evolución Tecnológica e Internet:

- Finales de los años 90 e inicios de los 2000: El surgimiento de Internet lleva al nacimiento del comercio electrónico. Amazon se convierte en uno de los principales actores de la venta minorista en línea.
- Evolución de Plataformas en Línea: Se desarrollan diferentes formas de comercio electrónico, como el online-to-offline (O2O) y el comercio móvil (m-commerce).

5. Sostenibilidad y Responsabilidad Social:

- Años 2010: Aumenta la atención hacia prácticas sostenibles y responsables. Se desarrollan iniciativas para reducir el impacto ambiental y promover la responsabilidad social.
- Certificaciones y Estándares: Se difunden certificaciones y estándares para garantizar la calidad y la ética de las producciones.

6. Pandemia de COVID-19 y Nuevas Tendencias:

- 2020-2021: La pandemia de COVID-19 acelera la digitalización del sector y modifica los hábitos de compra, aumentando la importancia del comercio electrónico y los servicios de entrega a domicilio.

- Innovaciones y Cambios: Se desarrollan nuevas soluciones tecnológicas, como la realidad aumentada para las compras en línea y aplicaciones para el seguimiento de suministros.

7. Perspectivas Futuras:

- Tecnologías Emergentes: Blockchain, Inteligencia Artificial e Internet de las Cosas (IoT) se encuentran entre las tecnologías que influirán en el futuro de la gran distribución.
- Nuevos Modelos de Negocio: Se exploran nuevos modelos de negocio, como la economía circular y la personalización de la oferta.

La historia de la gran distribución es, sin duda, un mosaico complejo y fascinante de avances, innovaciones y adaptaciones. Desde los humildes inicios de los primeros grandes almacenes, ha evolucionado hacia un intrincado sistema global, influenciado y moldeado por innumerables factores socioeconómicos, políticos y tecnológicos.

El advenimiento de los primeros grandes almacenes marcó un punto de inflexión en la historia de la distribución. Estos eran mucho más que simples tiendas; eran experiencias inmersivas, con amplios espacios dedicados a la presentación de productos, convirtiendo las

compras en una experiencia social y cultural. La gente no iba solo a comprar, sino a vivir una experiencia, a ver y ser vista.
La diversificación de los formatos de venta, con la introducción de supermercados y tiendas de descuento, hizo que la compra de bienes de consumo fuera más accesible y conveniente. Esto marcó el comienzo de un cambio radical en el comportamiento del consumidor, desplazando la atención de la calidad a la cantidad, del servicio al precio.
La expansión posterior a la guerra vio el ascenso de cadenas como Walmart, que revolucionó aún más el sector a través de la introducción de estrategias de precios agresivas y la optimización de la cadena de suministro. La eficiencia operativa se convirtió en la clave del éxito, permitiendo reducir costos y ofrecer precios cada vez más competitivos.
La era de la globalización abrió nuevos horizontes para la gran distribución. La posibilidad de ingresar a nuevos mercados presentó oportunidades, pero también desafíos. La necesidad de adaptar los modelos de negocio a las diversas culturas y regulaciones puso a prueba la flexibilidad y la innovación de las grandes cadenas. En este contexto, la internacionalización no era solo una cuestión de expansión geográfica, sino que requería una

comprensión profunda de las dinámicas locales y una gestión cuidadosa de las relaciones con proveedores y clientes.

La revolución digital abrió la puerta a un nuevo mundo de posibilidades. El comercio electrónico redefinió las reglas del juego, derribando barreras geográficas y convirtiendo las compras en una experiencia cada vez más personalizada y bajo demanda. Amazon lideró esta transformación, aprovechando el poder de los datos y la tecnología para ofrecer una amplia gama de productos, servicios de entrega rápidos y una experiencia de usuario sin precedentes.

Pero la evolución de la gran distribución no se detuvo en lo digital. La creciente conciencia sobre cuestiones ambientales y sociales ha llevado a una profunda reflexión sobre el papel de las empresas en la sociedad. La sostenibilidad se convirtió en un imperativo, no solo para satisfacer las demandas de los consumidores, sino para garantizar la resiliencia y la sostenibilidad a largo plazo del negocio. En este escenario, iniciativas como el reciclaje de desechos, el uso de energías renovables y la promoción de productos éticos ganaron cada vez más terreno.

La pandemia de COVID-19 aceleró muchas de las tendencias en marcha, poniendo de relieve la vulnerabilidad de las cadenas de suministro globales y la importancia de la digitalización. El aumento exponencial del comercio electrónico durante los confinamientos puso de manifiesto la necesidad de una sólida infraestructura digital y soluciones logísticas eficientes. Al mismo tiempo, resaltó la importancia de la flexibilidad y la adaptabilidad en un mundo en constante cambio.

Mirando hacia el futuro, está claro que la gran distribución continuará evolucionando, impulsada por las tecnologías emergentes y los cambios en los comportamientos de los consumidores. La blockchain, la inteligencia artificial y el Internet de las Cosas son solo algunas de las tecnologías que ya están empezando a dar forma al futuro del sector. Estas ofrecen oportunidades para aumentar la eficiencia, mejorar la trazabilidad de los productos y personalizar aún más la oferta.

En este contexto dinámico y en constante evolución, las empresas de gran distribución se enfrentan a aguas inciertas, equilibrando la innovación y el riesgo, la eficiencia y la responsabilidad. El camino que tienen por delante está lleno de desafíos, pero también de oportunidades, y será interesante ver cómo se adaptarán y moldearán el futuro de la distribución en el mundo moderno.

La transformación de la gran distribución también se refleja en la continua adaptabilidad y reinvención de estrategias comerciales y modelos de negocio. Las dinámicas competitivas se han vuelto cada vez más intensas, llevando a las empresas a buscar ventajas únicas para destacarse en un mercado saturado. Los programas de fidelización, las estrategias de diferenciación de productos y la atención al diseño de los puntos de venta son ejemplos de cómo la gran distribución ha intentado captar y mantener la clientela.

Otra dimensión significativa se encuentra en los desafíos y oportunidades creadas por las expectativas en constante evolución de los consumidores. La transparencia, la autenticidad y la integridad se han convertido en cualidades cada vez más importantes. Los consumidores modernos, equipados con herramientas digitales que permiten la comparación instantánea de precios y la verificación de reseñas, se han vuelto cada vez más exigentes e informados.

El advenimiento de la personalización a gran escala ha llevado a la gran distribución a adoptar tecnologías para analizar los datos de los consumidores y ofrecer productos y servicios a medida. La inteligencia artificial y el análisis de datos han permitido predecir las tendencias de compra y personalizar las ofertas, creando una experiencia de compra cada vez más centrada en el individuo.

El impulso hacia la sostenibilidad y la ética es otro aspecto crucial. Los consumidores son cada vez más conscientes del impacto ambiental y social de sus compras, y las empresas de gran distribución han respondido promoviendo productos orgánicos, de comercio justo y de proximidad, así como adoptando prácticas comerciales éticas y sostenibles.

La integración de tecnologías innovadoras no se limita al comercio electrónico y al análisis de datos, sino que impregna también la logística y la gestión de inventarios. La automatización y la robotización de almacenes, la logística avanzada y el uso de drones y vehículos autónomos para las entregas son elementos que están moldeando el futuro de la gran distribución, reduciendo los tiempos de entrega y mejorando la eficiencia operativa.

También es fundamental considerar la importancia de las relaciones con los proveedores. Las grandes cadenas de distribución han desarrollado complejas redes de suministro y producción, y la gestión de estas relaciones es crucial. La negociación de precios, el aseguramiento de estándares de calidad y la gestión de riesgos son aspectos que influyen en el éxito de las operaciones de distribución.

La interacción con la normativa es otro elemento que no se puede pasar por alto. Las políticas gubernamentales, las normas comerciales y las regulaciones fiscales tienen un impacto significativo en la estructura y las operaciones de las empresas de gran distribución. El cumplimiento no es solo una necesidad legal, sino que también puede influir en la reputación y la imagen de la empresa a los ojos de los consumidores.

La resiliencia y la capacidad de adaptación se han convertido en cualidades cada vez más importantes en una era caracterizada por la incertidumbre y el cambio continuo. Las crisis económicas, los cambios demográficos, las nuevas tendencias de consumo y los avances tecnológicos son todos factores que influyen en el panorama de la gran distribución, requiriendo una revisión y actualización continua de las estrategias y modelos operativos.

Las lecciones aprendidas de éxitos y fracasos pasados iluminan el camino hacia el futuro. El estudio de casos específicos ofrece información valiosa sobre lo que funciona y lo que no, permitiendo a las empresas aprender y adaptarse. La capacidad de aprender e innovar es, por lo tanto, fundamental para mantener la competitividad en un sector tan dinámico y desafiante.

En esta perspectiva, el papel de los recursos humanos y la cultura empresarial es esencial. La motivación, la formación y el bienestar de los empleados son factores clave que influyen en la productividad y la eficiencia, y la creación de un ambiente de trabajo positivo e inclusivo puede ser un factor diferenciador en el panorama competitivo.
La gran distribución moderna es un sector en constante evolución, reflejo y respuesta a los desafíos y oportunidades de un mundo en rápida transformación. Su historia es un relato de innovación y adaptación, que sigue escribiéndose día a día.

En resumen, la historia de la gran distribución está intrínsecamente ligada a la trama del progreso tecnológico, socioeconómico y cultural de la sociedad. Se caracteriza por una evolución constante, donde cada época ha traído consigo nuevos desarrollos y desafíos. Desde los inicios de los primeros grandes almacenes y supermercados, hasta la explosión del comercio electrónico, y la actual importancia en la sostenibilidad y ética, el sector ha experimentado transformaciones significativas que han impactado no solo la forma en que se venden y distribuyen los productos, sino también el comportamiento y las expectativas de los consumidores.

La tecnología ha desempeñado un papel fundamental en esta evolución, no solo a través de la digitalización y el comercio electrónico, sino también mediante la innovación en logística, la automatización y el uso de datos. Estos avances han permitido a las empresas optimizar las operaciones, personalizar las ofertas y responder de manera más efectiva a las necesidades de los consumidores, pero también han traído nuevos desafíos en términos de privacidad, seguridad y competencia.

El creciente enfoque en la sostenibilidad y la responsabilidad social representa un giro significativo. Ya no se trata solo de ofrecer productos a precios competitivos, sino de hacerlo de manera ética y sostenible. Este cambio de paradigma es tanto una respuesta a las crecientes preocupaciones sociales y ambientales como una estrategia proactiva para construir un modelo de negocio resistente y a largo plazo.

Las relaciones con proveedores y partes interesadas, la gestión de recursos humanos, el cumplimiento normativo y la construcción de una imagen y reputación corporativa positiva son todos elementos clave que contribuyen al éxito en el panorama de la gran distribución moderna. Estos factores, junto con la habilidad de adaptarse rápidamente a un entorno en constante cambio, definen la capacidad de una empresa para mantenerse competitiva y prosperar.

Finalmente, la historia de la gran distribución es un testimonio del ingenio humano y la capacidad de adaptación. Cada desafío ha sido una oportunidad para innovar, cada problema ha abierto la puerta a nuevas soluciones. La intersección entre negocios, tecnología y sociedad seguirá moldeando el futuro de la gran distribución, ofreciendo escenarios inexplorados y posibilidades infinitas. La habilidad para aprender de los éxitos y errores del pasado y navegar en este panorama complejo y dinámico determinará quiénes surgirán como líderes en el sector de la gran distribución en el futuro.

2. Tipos de Estructuras (Hipermercados, Supermercados, Descuentos, etc.)

En el panorama de la gran distribución, existen diversos tipos de estructuras que se diferencian en tamaño, surtido de productos, posicionamiento de precios y servicios ofrecidos a los clientes. Estos incluyen:

1. **Hipermercados:** Grandes establecimientos comerciales que ofrecen una amplia gama de productos tanto alimenticios como no alimenticios. Se caracterizan por amplias áreas de venta y ofrecen una variedad de categorías de productos, a menudo incluyendo ropa, electrodomésticos, artículos para el hogar y ocio, además de alimentos.
2. **Supermercados:** Son de tamaño más reducido que los hipermercados y se centran principalmente en la venta de productos alimenticios, aunque también ofrecen una

selección de productos no alimenticios. Son comunes en áreas urbanas y suburbanas y se enfocan en la conveniencia y la proximidad con los consumidores.

3. **Descuentos:** Ofrecen productos a precios más bajos que otros tipos de tiendas. La reducción de costos se logra a través de una variedad limitada de productos, empaques económicos y eficiencia operativa. Atraen a clientes sensibles a los precios y a menudo se asocian con marcas de bajo costo.
4. **Cash & Carry:** Almacenes mayoristas donde las empresas y, en algunos casos, los consumidores pueden comprar mercancías en cantidades. Están dirigidos principalmente a pequeños empresarios, minoristas y restauradores.
5. **Convenience Store:** Pequeñas tiendas ubicadas en áreas urbanas densamente pobladas o a lo largo de carreteras transitadas. Están abiertas en horarios extendidos, a menudo las 24 horas, y ofrecen una gama limitada de productos de uso diario a precios ligeramente más altos que los supermercados.
6. **Tiendas Especializadas:** Se centran en una categoría específica de productos, como electrónica, libros o productos orgánicos, ofreciendo una amplia gama y asesoramiento especializado. A menudo se caracterizan por una imagen de calidad y conocimiento en su sector.

7. **Vendedores en Línea:** Operan en plataformas digitales y ofrecen una amplia gama de productos que se pueden adquirir en línea. Amazon es un ejemplo destacado de vendedor en línea. El comercio electrónico ha experimentado un crecimiento significativo en los últimos años, con un número creciente de consumidores que prefieren comprar en línea por comodidad.
8. **Club de Almacén:** Ofrecen a sus miembros acceso a precios con descuento en productos al por mayor a cambio de una tarifa de membresía anual. Estas tiendas se caracterizan por su tamaño y una amplia gama de productos.
9. **Tiendas Emergentes:** Son tiendas temporales que abren por un período limitado, a menudo para promocionar una marca o un producto específico. Se utilizan como estrategia de marketing para crear urgencia y exclusividad.

Cada uno de estos tipos de estructuras tiene características únicas y satisface diversas necesidades de los consumidores. La elección del tipo de estructura impacta en la estrategia de marketing, en la posición en el mercado y en la experiencia de compra del consumidor. Además, la evolución del comportamiento del consumidor y la tecnología continúan moldeando el panorama de la gran distribución, dando lugar a nuevos formatos y modelos de negocio.

La diversificación de los tipos de estructuras en la gran distribución refleja las cambiantes necesidades y hábitos de los consumidores. Cada tipo de estructura está ajustado para satisfacer necesidades específicas, que pueden variar desde una amplia gama de productos hasta precios competitivos, comodidad y rapidez en la compra. Por ejemplo, mientras los hipermercados se centran en la variedad y el surtido, los descuentos se enfocan en ofrecer precios bajos reduciendo los servicios adicionales.
La ubicación geográfica es otro factor crítico en la estrategia de estas estructuras. Mientras que los supermercados y las tiendas de conveniencia suelen estar ubicados en áreas centrales o en barrios densamente poblados para atraer a los consumidores locales, los hipermercados y los clubes de almacén pueden permitirse estar en áreas más periféricas debido a su capacidad para atraer clientes desde una región más amplia.
La evolución tecnológica también ha tenido un impacto significativo en la forma física de las tiendas. La creciente integración de tecnología en los puntos de venta, como el uso de aplicaciones para dispositivos móviles, el autoservicio y los sistemas de pago sin contacto, ha mejorado la eficiencia y la experiencia de compra, al tiempo que ha modificado el diseño y la disposición de las tiendas.

El diseño y la atmósfera de las tiendas se han vuelto cada vez más importantes en la estrategia de la gran distribución. La creación de un ambiente acogedor, el uso de luces y colores, y la organización del espacio influyen en el comportamiento de compra de los consumidores y contribuyen a construir la imagen de marca. Por ejemplo, las tiendas especializadas pueden utilizar elementos de diseño distintivos para comunicar su experiencia y calidad en un área específica.

Estrategias de Fidelización de Clientes en la Gran Distribución

Las estrategias de fidelización de la clientela varían significativamente entre las distintas tipologías de estructuras. Mientras que los descuentos pueden atraer clientes principalmente a través de precios bajos, los hipermercados y las tiendas especializadas pueden invertir en programas de fidelidad, servicios personalizados y experiencias de compra únicas para construir relaciones a largo plazo con los clientes.

Además, la gestión de inventarios y logística es fundamental y se diversifica según la tipología de la estructura. Los hipermercados y los clubes de almacén requieren una gestión compleja de inventarios debido a la amplitud del surtido y las cantidades, mientras que las tiendas de

conveniencia y los pop-up stores pueden operar con inventarios limitados y recurrentes, centrándose en productos de alta rotación.
Otro aspecto relevante es la comunicación y el marketing. Cada tipo de estructura requiere una estrategia de comunicación adaptada. Por ejemplo, mientras que los minoristas en línea pueden centrarse principalmente en el marketing digital y la optimización de motores de búsqueda, los supermercados todavía pueden encontrar efectiva la publicidad tradicional y las promociones en tienda.
El surgimiento del comercio en línea también ha llevado al surgimiento de nuevos modelos híbridos. Algunas cadenas de supermercados están experimentando con modelos de click-and-collect, donde los clientes pueden ordenar en línea y recoger en la tienda, combinando la comodidad de la compra en línea con la rapidez de la recolección local.
La creciente importancia de la sostenibilidad está influenciando las estrategias operativas de todas las tipologías de estructuras. La adopción de prácticas ecológicas, como el uso de empaques sostenibles, la reducción de desperdicios y la oferta de productos locales y orgánicos, se está convirtiendo en un elemento distintivo y un valor agregado para los consumidores.

En este contexto dinámico, la habilidad para anticipar tendencias, adaptarse a los cambios del mercado e innovar continuamente es esencial para mantener la competitividad y satisfacer las expectativas cada vez más altas de los consumidores en términos de calidad, precio, servicio y responsabilidad. La comprensión detallada de las características y dinámicas específicas de cada tipología de estructura es fundamental para desarrollar estrategias efectivas y sostenibles en el tiempo.

Análisis Detallado de las Estrategias en la Gran Distribución

Al analizar más a fondo la variedad de estructuras en la gran distribución, es importante destacar cómo la personalización de la oferta y la diferenciación se han convertido en estrategias clave. La creciente diversidad de las necesidades y comportamientos de compra de los consumidores requiere un enfoque cada vez más segmentado y dirigido. Por ejemplo, algunos supermercados están ampliando su oferta de productos orgánicos, locales y de nicho para atraer a clientes más atentos a la calidad y al origen de los productos.

La flexibilidad operativa es otro elemento esencial. Las estructuras deben ser capaces de adaptarse rápidamente a cambios en el comportamiento de los consumidores, en las condiciones del mercado y en las regulaciones. La introducción de tecnologías avanzadas, como la robótica y la inteligencia artificial, está transformando la gestión de inventarios, la logística y las interacciones con los clientes, haciendo las operaciones más eficientes y receptivas.

También es interesante notar la evolución de las relaciones entre productores y distribuidores. Las dinámicas de poder y los modelos de colaboración están en constante cambio, con una creciente integración de las cadenas de suministro y el surgimiento de asociaciones estratégicas. La transparencia y trazabilidad de las materias primas y productos terminados se han convertido en asuntos centrales, alimentando la creciente demanda de certificaciones y estándares de calidad.

Al mismo tiempo, el aspecto de la responsabilidad social empresarial está adquiriendo un papel cada vez más central en la estrategia de la gran distribución. La atención a la sostenibilidad ambiental, los derechos de los trabajadores y el bienestar de las comunidades locales se han convertido en factores determinantes en la percepción de la marca y la lealtad de los consumidores. En este contexto, las iniciativas de responsabilidad social corporativa

y las prácticas de negocios éticos son herramientas esenciales para construir una imagen positiva y atraer a consumidores conscientes.
Las estrategias de precios y promocionales son altamente diversificadas entre las diversas tipologías de estructuras. Mientras que los descuentos y los clubes de almacén compiten principalmente en precio, ofreciendo productos de bajo costo en un entorno sin lujos, las tiendas especializadas y las tiendas de lujo se centran en la creación de una experiencia de compra exclusiva y en la oferta de productos de alta calidad y servicios premium. La definición de la estrategia de precios adecuada requiere un profundo conocimiento del mercado, los competidores y las expectativas de los clientes, y puede tener un impacto significativo en la rentabilidad del negocio.

En el contexto omnicanal, la integración entre canales físicos y digitales es fundamental. La presencia en línea se ha vuelto esencial para la visibilidad de la marca y para atraer clientes, mientras que los puntos de venta físicos siguen desempeñando un papel crucial en la prestación de un servicio personalizado y en la construcción de relaciones con la clientela. La combinación de canales en línea y fuera de línea permite llegar a

un público más amplio y ofrece una variedad de formas de interactuar con la marca, aumentando las oportunidades de ventas y fidelización.
Finalmente, la formación y el desarrollo del personal son aspectos cruciales para el éxito de la gran distribución. La calidad del servicio al cliente, la competencia y la profesionalidad de los empleados pueden marcar la diferencia en un mercado competitivo. Por lo tanto, invertir en la formación y el bienestar de los trabajadores es una estrategia ganadora para mejorar la satisfacción de los clientes y el rendimiento empresarial.
Observando el panorama general, es evidente que la gran distribución moderna es un sector complejo y dinámico, donde la capacidad de innovar, adaptarse y responder a las necesidades de los consumidores es fundamental para el éxito a largo plazo.
En resumen, la variedad y complejidad de las tipologías de estructuras en la gran distribución moderna son representativas de la adaptación y la innovación que distinguen este sector. Desde el tamaño y la ubicación de los hipermercados, hasta los modelos de precios de los descuentos, cada tipo de estructura revela una estrategia enfocada en satisfacer necesidades específicas del consumidor.

La evolución tecnológica continua ha permitido una mayor eficiencia operativa y ha transformado la forma en que los clientes interactúan con las estructuras, dando lugar a nuevos modelos de negocio y soluciones híbridas entre lo físico y lo digital. La sostenibilidad ambiental y la responsabilidad social corporativa se han convertido en prioridades centrales, influyendo no solo en las operaciones diarias, sino también en la imagen de marca y las relaciones con los consumidores.
Las relaciones entre productores y distribuidores han experimentado transformaciones significativas, con el establecimiento de nuevas dinámicas de poder y colaboración, alimentando la necesidad de una mayor transparencia y trazabilidad. Las estrategias de precios y promocionales, diversificadas y calibradas según las características de cada tipo de estructura, reflejan la importancia de un profundo conocimiento del mercado y las expectativas de los clientes.
La integración entre canales físicos y digitales se ha convertido en un componente esencial de las estrategias de venta, permitiendo llegar a un público más amplio y ofrecer una variedad de formas de interactuar con la marca. Y finalmente, la atención al capital humano, a la formación y al desarrollo del personal, subraya el papel crucial

que la competencia y la profesionalidad de los empleados juegan en el éxito de las estructuras de la gran distribución.

A través de una comprensión detallada de estas dinámicas, es posible apreciar la complejidad y la riqueza del sector de la gran distribución moderna e identificar las palancas estratégicas para competir con éxito en un mercado en continua evolución. La gran distribución moderna, por tanto, representa un microcosmos donde se encuentran e interseccionan la innovación, la adaptación, la sostenibilidad y las relaciones humanas, siendo un elemento fundamental de la economía contemporánea y la vida cotidiana de las personas.

3. Geografía de la Distribución (Ubicación, Concentración, etc.)

La geografía de la distribución es un elemento crucial en la estrategia de las cadenas de gran distribución. La ubicación, la concentración y la disposición geográfica de los puntos de venta afectan directamente al éxito y la competitividad de una empresa en el sector.

1. **Ubicación:**
    - **Centros Urbanos:** Muchos supermercados y tiendas de conveniencia se ubican en centros urbanos o en las periferias de la ciudad para alcanzar una población densa. La proximidad a los clientes es esencial para el tráfico peatonal y la frecuencia de compras.
    - **Áreas Periféricas:** Los hipermercados y centros comerciales se sitúan a menudo en las afueras, donde hay amplios espacios y estacionamientos, atrayendo a un público más amplio.
    - **Zonas Rurales:** En estas áreas, se encuentran pequeñas tiendas de conveniencia o supermercados de proximidad que sirven a comunidades menos pobladas.
2. **Concentración y Competencia:**
    - **Alta Concentración:** En ciertas áreas geográficas, la presencia de múltiples puntos de venta de diferentes marcas puede intensificar la competencia, influenciando estrategias de precios y surtidos.
    - **Monopolio/Duopolio:** En algunas regiones o ciudades, la presencia de un único gran jugador o dos competidores

principales puede determinar dinámicas de mercado específicas.

3. **Accesibilidad e Infraestructura:**
   - **Vías de Comunicación:** La proximidad a carreteras principales, autopistas e infraestructura de transporte público es fundamental para la visibilidad y la accesibilidad.
   - **Estacionamientos y Servicios:** La disponibilidad de estacionamientos y servicios adicionales como bancos, farmacias y restaurantes aumenta la atracción.
4. **Demografía y Características del Territorio:**
   - **Población:** El análisis demográfico, la densidad de población y el poder adquisitivo influyen en la elección de la ubicación y el tipo de tienda.
   - **Características Socioeconómicas:** Los hábitos de consumo, preferencias y necesidades de la población local deben analizarse para optimizar la oferta.
5. **Factores Ambientales y Normativos:**
   - **Regulaciones Locales:** Las regulaciones y normativas locales referentes a construcción, medio ambiente y comercio pueden influir en la localización y operatividad de los puntos de venta.

- **Sostenibilidad:** El impacto ambiental y la sostenibilidad desempeñan un papel creciente en las decisiones sobre ubicación y construcción.

6. **Tendencias y Desarrollos Futuros:**
   - **E-commerce y Logística:** El crecimiento del comercio en línea influye en la geografía de la distribución, con la necesidad de almacenes y centros de distribución estratégicos.
   - **Urbanización y Movilidad:** Las tendencias de urbanización y los cambios en la movilidad urbana pueden presentar nuevas oportunidades y desafíos para la localización de las tiendas.

Analizar detenidamente la geografía de la distribución y adoptar una estrategia de localización óptima es fundamental para maximizar la cobertura del mercado, atraer a la clientela adecuada y competir eficazmente en el paisaje de la gran distribución.

Siguiendo el análisis de la geografía de la distribución, es evidente que la influencia de la ubicación se extiende más allá de la mera cercanía física a los consumidores. Por ejemplo, la elección de la ubicación puede tener un impacto significativo en las dinámicas de marca e imagen de una empresa. Estar presentes en ubicaciones prestigiosas o en áreas de alto tráfico

puede mejorar la visibilidad y la percepción de la marca, mientras que la presencia en áreas demográficamente diversas puede ayudar a alcanzar diferentes segmentos de mercado. Además, la configuración del diseño interno de la tienda y la arquitectura pueden verse influenciadas por la geografía local. La disponibilidad de espacio, las características del terreno y las especificidades del contexto urbano o rural pueden determinar decisiones de diseño y logística, influyendo en la experiencia de compra del cliente y la eficiencia operativa.
La estrategia de localización no se trata solo de elegir un lugar, sino también de elegir el momento. Las tendencias del mercado, las fluctuaciones económicas y las evoluciones demográficas pueden hacer que algunas áreas sean más o menos atractivas con el tiempo. Por lo tanto, el análisis temporal y la adaptación a las dinámicas del mercado son fundamentales para mantener la relevancia y competitividad.
La gestión de relaciones con la comunidad local es otro aspecto crucial. La aceptación y el apoyo de la comunidad pueden facilitar la entrada al mercado y contribuir al éxito a largo plazo. Por el contrario, la resistencia y la oposición de la comunidad a las nuevas aperturas pueden representar obstáculos significativos. La participación en iniciativas locales, la creación de

alianzas y la escucha de las necesidades de la comunidad son estrategias clave en este contexto.

También la integración con otros actores comerciales y servicios puede influir en la estrategia de localización. La presencia de otros negocios, restaurantes, servicios y atracciones cercanos puede aumentar la atractividad del lugar y generar sinergias. La integración con el entramado comercial y social local puede crear oportunidades de colaboración y de marketing conjunto.

Además, la geografía de la distribución está estrechamente vinculada a la logística y la cadena de suministro. La proximidad a proveedores, centros de distribución y nudos de transporte es fundamental para optimizar los costos de transporte y asegurar la frescura y disponibilidad de los productos. En este sentido, la digitalización y la innovación tecnológica están generando cambios significativos, con la introducción de soluciones de transporte sostenible, plataformas logísticas inteligentes y sistemas de rastreo avanzados.

Finalmente, la geografía de la distribución también se ve afectada por los cambios en el comportamiento de los consumidores y la evolución de los hábitos de compra. El creciente interés en el comercio en línea, la atención a la sostenibilidad y las producciones locales, y la búsqueda de experiencias de compra únicas y personalizadas están moldeando el panorama de la gran distribución e influyendo en las estrategias de localización y desarrollo.

En este contexto dinámico y multifactorial, la capacidad de interpretar y anticipar las tendencias, adaptarse al territorio e integrarse con la comunidad y el entramado económico local son habilidades clave para la gran distribución moderna.

Yendo más a fondo, es evidente que otro elemento esencial en la geografía de la distribución es el análisis detallado del contexto sociocultural de un área. La cultura local, las tradiciones, los valores y las normas sociales influyen significativamente en los hábitos de consumo y pueden determinar el éxito o el fracaso de un punto de venta. Comprender y respetar la cultura local es, por lo tanto, fundamental para desarrollar una oferta y un servicio que respondan a las necesidades y expectativas de la comunidad.

Además, la dimensión político-institucional del territorio de asentamiento juega un papel significativo. Las políticas locales, regionales y nacionales, las regulaciones urbanísticas, los incentivos y las restricciones pueden facilitar o complicar la apertura y gestión de puntos de venta. Por tanto, una buena relación con las autoridades locales y un profundo conocimiento del marco normativo son indispensables para navegar con éxito en el contexto institucional.

Otro aspecto relevante es la resiliencia y flexibilidad de la red de distribución. Las empresas de la gran distribución deben ser capaces de adaptarse rápidamente a cambios repentinos en el contexto, como crisis económicas, eventos climáticos extremos o emergencias sanitarias. La capacidad de mantener la continuidad operativa y responder de manera efectiva a escenarios de crisis es, por lo tanto, un elemento clave de la estrategia distributiva.

La tecnología y la digitalización representan también palancas estratégicas para optimizar la geografía de la distribución. El uso avanzado de datos y análisis permite afinar las elecciones de localización, mejorar la gestión de inventarios, personalizar la oferta y potenciar la interacción con los clientes. La innovación tecnológica ofrece, por tanto, nuevas oportunidades para hacer la red de distribución más efectiva y sostenible.

En el contexto de la sostenibilidad, la evaluación del impacto ambiental de las actividades de distribución es cada vez más central. La elección de materiales, la eficiencia energética de los edificios, la gestión de residuos y emisiones, la promoción de productos sostenibles y locales son todos factores que influyen en la reputación y el desempeño empresarial a largo plazo.

Finalmente, la evolución de las dinámicas competitivas lleva a las empresas de la gran distribución a explorar nuevas fronteras geográficas. La internacionalización y la expansión en nuevos mercados son estrategias ambiciosas que requieren un conocimiento profundo de las especificidades locales y una fuerte capacidad de adaptación. Los desafíos y oportunidades de los mercados internacionales añaden, por tanto, un nivel adicional de complejidad a la geografía de la distribución.

En resumen, la geografía de la distribución en la gran distribución moderna es un mosaico intrincado y dinámico, donde múltiples factores interactúan y se influyen mutuamente. La ubicación, la concentración, la conexión con el territorio y la accesibilidad son solo algunas de las dimensiones que definen el paisaje distributivo.

El éxito en el posicionamiento geográfico no solo depende de la mera proximidad física a los consumidores, sino de la capacidad de integrarse con el entramado socio-cultural, económico y normativo del territorio. La cultura local, las tradiciones, las normas sociales y las políticas institucionales delinean un contexto único en el que cada punto de venta debe operar, adaptarse e innovar.

El análisis profundo del entorno, junto con la flexibilidad y la resiliencia operativa, permite a las empresas afrontar desafíos y oportunidades, manteniendo la continuidad y la eficacia del servicio en escenarios variables. La tecnología y la digitalización, a través del análisis de datos y la innovación, representan herramientas esenciales para refinar las decisiones estratégicas y optimizar la red distributiva.

La sostenibilidad ambiental se impone como un imperativo categórico, influenciando no solo la reputación y la imagen de la empresa, sino también su sostenibilidad económica a largo plazo. La atención al impacto ambiental, la eficiencia energética, la promoción de productos sostenibles son pilares de una estrategia distributiva responsable y a largo plazo.

La internacionalización y la expansión en nuevos mercados abren nuevos horizontes, introduciendo niveles adicionales de complejidad y nuevas variables a considerar. El conocimiento y la comprensión de las especificidades locales, la capacidad de adaptación y la visión global son habilidades fundamentales para navegar con éxito en aguas internacionales.

En conclusión, la geografía de la distribución es una disciplina articulada y multidimensional que requiere una visión holística e integrada, un equilibrio entre arraigo local y apertura global, entre tradición e innovación. Solo a través de un enfoque estratégico y consciente, la gran distribución puede desarrollar redes distributivas que sean a la vez resilientes, sostenibles y competitivas, capaces de responder a las necesidades de un mercado cada vez más exigente y en evolución.

3. Evolución Tecnológica (E-commerce, Aplicaciones, Autoservicio, etc.)

La evolución tecnológica ha tenido un impacto profundo y transformador en la gran distribución, modificando tanto la interacción con los consumidores como las operaciones internas. Esta evolución se manifiesta en varios aspectos, como la llegada del comercio electrónico, el desarrollo de aplicaciones móviles, la introducción de sistemas de autoservicio, y mucho más.

El comercio electrónico ha revolucionado la forma en que los consumidores adquieren productos, ofreciendo comodidad, una amplia gama de opciones y precios competitivos. La gran distribución ha tenido que adaptarse a esta nueva realidad, desarrollando plataformas en línea, optimizando la logística e integrando los canales físicos y digitales. La experiencia de compra en línea se ha vuelto cada vez más personalizada, gracias al uso de big data e inteligencia artificial que permiten analizar las preferencias de los usuarios y proponer productos y ofertas a medida.

Las aplicaciones móviles se han convertido en una herramienta esencial para conectar a los consumidores con los puntos de venta. A través de las aplicaciones, los clientes pueden acceder a descuentos personalizados, ubicar las tiendas más cercanas, verificar la disponibilidad de productos y mucho más. Estas aplicaciones también permiten recopilar datos valiosos sobre el comportamiento de compra, mejorando el conocimiento del cliente y refinando las estrategias de marketing.

El autoservicio representa otra innovación significativa, permitiendo a los clientes realizar el pago de productos por sí mismos, reduciendo los tiempos de espera y mejorando la eficiencia operativa de la tienda. Esta solución tecnológica también ha estimulado el desarrollo de sistemas avanzados antifraude y de seguridad.

Otros desarrollos tecnológicos incluyen la introducción de robótica y automatización en los procesos logísticos y de almacén, el uso de etiquetas RFID para la trazabilidad de productos, y el empleo de realidad aumentada y virtual para enriquecer la experiencia de compra.

La sostenibilidad se ha convertido en un factor clave, impulsando la adopción de soluciones tecnológicas respetuosas con el medio ambiente, como la iluminación LED, sistemas de gestión de energía y materiales reciclables o biodegradables.

Finalmente, la evolución tecnológica ha llevado a la creación de nuevos modelos de negocios y alianzas, incluida la colaboración entre

minoristas y startups tecnológicas, la apertura al mercado de productos locales a través de plataformas digitales y el desarrollo de ecosistemas integrados de servicios.
Todo el panorama de la gran distribución ha sido moldeado y continuamente reformado por estos avances tecnológicos, que han introducido nuevas posibilidades, desafíos y oportunidades. La capacidad de adaptarse rápidamente y aprovechar al máximo las potencialidades ofrecidas por la tecnología se ha convertido en un elemento distintivo y competitivo para las empresas del sector.
En paralelo al auge del comercio electrónico y las aplicaciones, las tecnologías blockchain están encontrando aplicaciones en la gran distribución. Esta tecnología permite rastrear el origen y el movimiento de los productos a lo largo de la cadena de suministro, aumentando la transparencia y la confianza del consumidor.
La realidad virtual (VR) y la realidad aumentada (AR) están transformando la experiencia de compra en el retail. Estas tecnologías ofrecen a los clientes la posibilidad de visualizar los productos en un entorno tridimensional, probar prendas y accesorios virtualmente, o ver información adicional sobre los artículos a través del uso de dispositivos móviles. Este tipo de interacción mejora la participación del cliente y

puede influir positivamente en las decisiones de compra.
La creciente importancia de la Inteligencia Artificial (IA) y del Aprendizaje Automático (ML) es otra tendencia imparable en el sector. Estas tecnologías permiten el análisis de enormes cantidades de datos para prever los comportamientos de compra, optimizar los inventarios, personalizar las ofertas y mejorar la eficiencia operativa. La IA es también la base del desarrollo de chatbots y asistentes virtuales, que pueden guiar a los clientes durante la compra y responder en tiempo real a sus preguntas y necesidades.
El creciente uso de drones para la entrega de productos representa una solución innovadora para reducir los tiempos de entrega y llegar a áreas remotas o de difícil acceso. Esta tecnología, aunque aún está en fase de desarrollo y regulación, podría convertirse en un elemento clave en la logística de la gran distribución.
La difusión de dispositivos wearables y objetos conectados en el Internet de las Cosas (IoT) ofrece nuevas posibilidades para recopilar datos e interactuar con los clientes. Dispositivos como smartwatches o rastreadores de actividad física pueden proporcionar información sobre los hábitos y preferencias de los consumidores,

permitiendo a las empresas ofrecer servicios y productos cada vez más personalizados.
En el ámbito de la sostenibilidad ambiental, la investigación y el desarrollo de envases ecoamigables y soluciones para reducir el desperdicio están cada vez más en el centro de atención. Tecnologías como la impresión en 3D pueden contribuir a la creación de envases a medida, reduciendo el uso de materiales y minimizando los residuos.
Además, la llegada del 5G está acelerando la digitalización del comercio minorista, mejorando la conectividad y permitiendo el desarrollo de servicios y aplicaciones innovadoras. La mayor velocidad y capacidad de transmisión de datos abren la puerta a experiencias de compra inmersivas, soluciones de pago rápidas y seguras, y una mayor integración entre canales físicos y digitales.
Por último, la innovación en los sistemas de pago, con la aparición de soluciones como los pagos sin contacto, las carteras digitales y las criptomonedas, está rediseñando las transacciones económicas dentro de la gran distribución, ofreciendo a los consumidores mayor elección, comodidad y seguridad.
El impulso hacia la personalización, impulsado por las nuevas tecnologías, está generando experiencias de compra cada vez más a medida.

Los algoritmos de recomendación, basados en el aprendizaje automático, analizan los datos de compra y navegación de los usuarios, sugiriendo productos y ofertas de acuerdo a sus intereses y comportamientos pasados, mejorando así la conversión y la fidelización del cliente.

La biometría es otra tecnología emergente en el sector minorista. El reconocimiento facial y las huellas digitales se utilizan para acelerar las transacciones, aumentar la seguridad y ofrecer un servicio más personalizado. Esta tecnología no solo se está utilizando en los sistemas de pago, sino también en el control de acceso y la seguridad de los puntos de venta.

Otra tendencia significativa es la adopción de la tecnología de voz-commerce. Los asistentes de voz inteligentes como Alexa, Google Assistant y Siri se están volviendo cada vez más populares, y los consumidores comienzan a utilizarlos para buscar productos, comparar precios y realizar compras. Esto está cambiando la forma en que los consumidores interactúan con las plataformas de comercio electrónico y está obligando a las empresas a optimizar su contenido para la búsqueda por voz.

La gamificación, es decir, la aplicación de elementos de juego en contextos no lúdicos, se está convirtiendo en una herramienta efectiva para involucrar y motivar a los consumidores.

Programas de fidelización, desafíos y recompensas virtuales se utilizan para aumentar la retención de clientes, fomentar compras repetidas y recopilar comentarios y datos útiles.
El análisis predictivo, basado en técnicas de aprendizaje automático, se utiliza para prever tendencias de mercado, anticipar la demanda de ciertos productos y optimizar la gestión de inventarios. Esto permite a las empresas reducir el desperdicio, mejorar la eficiencia y aumentar la satisfacción del cliente.
En el contexto de la gran distribución, la ética tecnológica se ha convertido en un tema crucial. Los problemas relacionados con la privacidad de los datos, la seguridad de la información y el uso ético de la inteligencia artificial están en el centro del debate. Las empresas están llamadas a operar de manera responsable, garantizando la transparencia y el respeto por los derechos de los consumidores.
Las ciudades inteligentes, donde la tecnología se utiliza para mejorar la calidad de vida y la eficiencia de los servicios, ofrecen nuevas oportunidades para la gran distribución. La creciente conectividad y la interacción entre diferentes sectores, como el transporte, la energía y el comercio minorista, permiten la creación de ecosistemas urbanos integrados, donde el acceso a bienes y servicios se facilita y optimiza.

La realidad mixta, que combina elementos de realidad aumentada y virtual, está comenzando a aparecer en el sector minorista. Esta tecnología permite crear experiencias inmersivas e interactivas, donde los usuarios pueden visualizar productos en un entorno tridimensional, modificar las características de los artículos y ver información adicional en tiempo real.
Por último, la creciente importancia de la economía circular es un elemento que las empresas de la gran distribución no pueden ignorar. La necesidad de reducir el impacto ambiental está llevando a las empresas a reconsiderar sus modelos de negocio, promover la reutilización, el reciclaje y la sostenibilidad, y adoptar tecnologías que respalden estas prácticas.

La implementación de redes de distribución potenciadas por big data está llevando a una optimización profunda de las operaciones. El análisis de datos permite a las empresas monitorear en tiempo real los movimientos de la mercancía, prever los tiempos de entrega con mayor precisión y responder de manera proactiva a imprevistos. Esto contribuye a reducir costos operativos y mejorar la satisfacción del cliente.

Otro campo en rápida evolución es el de la robótica. Los robots se están volviendo cada vez más comunes en almacenes y centros de distribución, donde desempeñan tareas como embalaje, transporte de mercancías y gestión de inventario. La automatización robótica de los procesos está mejorando la eficiencia, reduciendo errores humanos y permitiendo una rápida adaptación a las fluctuaciones de la demanda.

El creciente interés en las energías renovables y la sostenibilidad también está impactando en la gran distribución. Las empresas están invirtiendo en soluciones energéticas sostenibles, como paneles solares y turbinas eólicas, para alimentar sus instalaciones y reducir su huella de carbono. El objetivo es contribuir a la lucha contra el cambio climático y responder a las crecientes expectativas de los consumidores en cuanto a sostenibilidad.

Además, el Internet de las Cosas (IoT) está teniendo un impacto significativo en la gestión de la cadena de suministro. Sensores y dispositivos conectados permiten el monitoreo en tiempo real de las condiciones de almacenamiento de productos, la localización precisa de la mercancía y la detección temprana de anomalías. Esto conduce a una mayor transparencia, a una reducción del desperdicio y a una mejor gestión de los recursos.

La gran distribución también está explorando las posibilidades ofrecidas por la impresión 3D. Esta tecnología puede usarse para producir repuestos bajo demanda, personalizar productos según las necesidades del cliente y reducir los tiempos de producción. La impresión 3D podría revolucionar los modelos de producción y distribución, acercando la producción al punto de venta y reduciendo la necesidad de almacenes.
Las tecnologías de pago digital continúan evolucionando, ofreciendo soluciones cada vez más innovadoras y seguras. Las tecnologías de pago sin contacto, como la comunicación de campo cercano (NFC), permiten transacciones rápidas y seguras, reduciendo los tiempos de espera en caja y mejorando la experiencia de compra.
Además, el creciente interés en la salud y el bienestar está influenciando la variedad y tipología de productos ofrecidos por la gran distribución. Las empresas están respondiendo a la demanda de productos orgánicos, sin gluten, veganos y bajos en azúcar, adaptando su oferta y experimentando con nuevos formatos y canales de venta.
Otro factor que está moldeando la industria es el ascenso de marcas éticas y sostenibles. Los consumidores son cada vez más conscientes del impacto ambiental y social de sus compras y

buscan productos que reflejen sus valores. Esto está llevando a las empresas a repensar sus estrategias, a invertir en prácticas de producción sostenible y a comunicar de manera transparente sus compromisos éticos.
Las colaboraciones entre empresas tecnológicas y minoristas están volviéndose cada vez más frecuentes, con el fin de desarrollar soluciones innovadoras y enfrentar los desafíos del mercado. Estas asociaciones pueden llevar a nuevas oportunidades de negocio, mejorar habilidades y crear valor agregado para los clientes.
Finalmente, la creciente globalización del mercado está llevando a una mayor competencia, pero también a nuevas oportunidades de expansión internacional. Las empresas de la gran distribución deben adaptarse a diferentes contextos culturales, normativos y de mercado, desarrollando estrategias flexibles y sostenibles para tener éxito a nivel global.
La evolución tecnológica en la gran distribución ha llevado a una transformación sin precedentes en esta industria, que ha visto la introducción e implementación de numerosas innovaciones tecnológicas, cada una de las cuales ha contribuido a dar forma e influir en todo el ecosistema.

La adopción de tecnologías como el comercio electrónico, las aplicaciones móviles y los sistemas de autoservicio no solo ha proporcionado a los consumidores más opciones y comodidad en sus compras, sino que también ha ayudado a los minoristas a recopilar datos valiosos, optimizar las operaciones de tienda y almacén, y personalizar las ofertas según las preferencias del cliente. El comercio electrónico, en particular, ha permitido a los minoristas alcanzar a una audiencia global, superando las barreras geográficas y creando nuevas oportunidades de mercado.
La inteligencia artificial y el aprendizaje automático están desempeñando un papel fundamental en el análisis de datos de los consumidores, en la predicción de tendencias y en la personalización de ofertas. Estas herramientas tecnológicas permiten una segmentación avanzada de la clientela, una mejor comprensión de las necesidades y deseos de los consumidores, y una respuesta más efectiva a las demandas del mercado.
Las tecnologías biométricas y de reconocimiento facial se han implementado para mejorar la seguridad y agilizar las transacciones, mientras que los asistentes de voz están cambiando la forma en que los consumidores buscan y compran productos, convirtiendo la búsqueda

vocal en un elemento esencial de las estrategias de marketing digital.
La gamificación se utiliza para aumentar la participación de los clientes, y el análisis predictivo contribuye a optimizar la gestión de inventario y prevenir el desperdicio. Además, la atención a la sostenibilidad y la ética está influyendo en las decisiones empresariales, con una creciente adopción de prácticas de economía circular y un compromiso con la transparencia y la responsabilidad.
Las innovaciones en el campo del Internet de las Cosas (IoT), la robótica y la impresión 3D están aportando mejoras significativas en la eficiencia operativa, la gestión de la cadena de suministro y la personalización de productos. La impresión 3D, en particular, ofrece posibilidades revolucionarias, acercando la producción al punto de venta y reduciendo la necesidad de almacenes.
La introducción y evolución de las tecnologías de pago digital están mejorando la experiencia de compra, haciendo que las transacciones sean más rápidas y seguras, mientras que la creciente variedad de productos responde a las nuevas necesidades de salud y bienestar de los consumidores.
La colaboración entre empresas tecnológicas y minoristas, junto con la globalización del

mercado, está creando un panorama minorista cada vez más competitivo, dinámico y diverso. La capacidad de adaptarse rápidamente a las nuevas tecnologías y tendencias, de responder ética y sosteniblemente a las demandas de los consumidores y de navegar con éxito en un entorno internacional serán elementos clave para el futuro de la gran distribución.
En resumen, la evolución tecnológica está afectando profundamente todos los aspectos de la gran distribución, desde la producción hasta la distribución, desde el marketing hasta las ventas, y continúa ofreciendo nuevas oportunidades y desafíos para los minoristas y los consumidores. La comprensión y adopción de estas tecnologías son esenciales para quienes operan en este sector y desean mantenerse competitivos en un mercado en constante evolución.

5. Logística y Cadena de Suministro

La logística y la cadena de suministro son elementos fundamentales en la gran distribución. Incluyen el conjunto de procesos y actividades necesarios para transportar productos desde el punto de origen hasta el punto de venta, gestionar eficientemente el inventario y satisfacer la demanda del consumidor.

1. **Eficiencia y Optimización:** La necesidad de reducir costos y tiempos de entrega ha llevado a una búsqueda constante de eficiencia y optimización. La adopción de sistemas informáticos avanzados, como el ERP (Enterprise Resource Planning) y el WMS (Warehouse Management System), permite una gestión más precisa del inventario, un seguimiento en tiempo real de los envíos y una planificación optimizada de los transportes.
2. **Sostenibilidad:** La creciente atención al medio ambiente está llevando a las empresas a buscar soluciones logísticas sostenibles. Esto incluye el uso de vehículos de bajo impacto ambiental, la reducción del embalaje, la optimización de las rutas de transporte para disminuir las emisiones de CO_2 y la adopción de prácticas de economía circular.
3. **Innovación Tecnológica:** La implementación de nuevas tecnologías está revolucionando la logística. Sistemas de seguimiento RFID, robótica en almacenes, drones para entregas y el análisis de big data son solo algunas de las innovaciones que están contribuyendo a mejorar la eficiencia y la velocidad de la cadena de suministro.

4. **Globalización:** La gran distribución opera en un mercado global, y la gestión de la cadena de suministro debe considerar los desafíos relacionados con la diversidad de mercados, regulaciones locales, diferencias culturales y fluctuaciones en los tipos de cambio.
5. **Respuesta a la Demanda:** Las empresas deben adaptarse rápidamente a los cambios en la demanda de los consumidores. Esto requiere una planificación precisa, una gran flexibilidad y una capacidad de respuesta ágil. El análisis predictivo y las técnicas de pronóstico son herramientas esenciales para predecir las tendencias del mercado y ajustar en consecuencia la producción y la distribución.
6. **Comercio Electrónico:** La explosión del comercio electrónico ha traído nuevos desafíos logísticos, como la gestión de entregas directas al consumidor, las devoluciones y la personalización de servicios. Las empresas están explorando soluciones como lockers para entregas, puntos de retiro y logística urbana para satisfacer las expectativas de los clientes en línea.
7. **Riesgos y Gestión de Crisis:** La cadena de suministro está expuesta a varios riesgos, como interrupciones, retrasos, fluctuaciones en los precios de las materias primas y desastres naturales. Las empresas deben implementar estrategias de gestión de riesgos y planes de

contingencia para minimizar el impacto de tales eventos.

8. **Relaciones con los Proveedores:** La gestión de las relaciones con los proveedores es crucial para garantizar la calidad de los productos, la continuidad de los suministros y la negociación de condiciones contractuales favorables. Las empresas están adoptando enfoques colaborativos y plataformas digitales para mejorar la comunicación y la transparencia con los socios de la cadena de suministro.
9. **Personalización y Adaptación:** La tendencia hacia la personalización de productos requiere una logística más flexible y reactiva, capaz de manejar lotes pequeños y una variedad de SKU (Stock Keeping Unit).
10. **Formación y Desarrollo del Personal:** La formación del personal es esencial para mantener altos estándares de seguridad y eficiencia en las operaciones logísticas. Las empresas invierten en programas de desarrollo de habilidades y formación continua para asegurar la preparación de sus colaboradores. En resumen, la logística y la cadena de suministro en la gran distribución están en constante evolución, influenciadas por factores externos como la tecnología, la globalización y las expectativas de los consumidores. La adaptación a estas dinámicas y la adopción de soluciones

innovadoras son fundamentales para la competitividad y el éxito de las empresas en este sector.

La Logística y la Cadena de Suministro en la Gran Distribución son Sectores Vitales que emplean una variedad de estrategias y tecnologías para garantizar que los productos lleguen a los consumidores de la manera más eficiente y efectiva posible. En este sentido, es fundamental explorar otros aspectos y tendencias emergentes que están dando forma a estos campos.

1. **Integración de Tecnologías Digitales:** Además de los sistemas RFID y los drones, las tecnologías como la blockchain están encontrando aplicaciones en la trazabilidad de productos a lo largo de la cadena de suministro. Esta tecnología proporciona una mayor transparencia, reduce el riesgo de fraude y mejora la gestión de los contratos entre los diversos actores de la cadena de suministro.
2. **Automatización y Robótica:** La automatización sigue desempeñando un papel central en los almacenes, con robots que recolectan, empaquetan y mueven mercancías, reduciendo el tiempo de ejecución y minimizando errores. El uso de vehículos de conducción autónoma en el transporte de

mercancías también está en aumento, ofreciendo mejoras potenciales en seguridad y eficiencia.

3. **Análisis de Datos e Inteligencia Artificial:** La implementación de algoritmos avanzados de análisis de datos e inteligencia artificial está permitiendo a las empresas optimizar las rutas de transporte, predecir tiempos de entrega con mayor precisión y anticipar problemas potenciales en la cadena de suministro, permitiendo así intervenciones proactivas.

1. Omnicanalidad: La creciente demanda de experiencias de compra omnicanal por parte de los consumidores está llevando a los minoristas a integrar los canales físicos y digitales, creando desafíos logísticos en términos de gestión de inventarios, tiempos de entrega y servicios postventa. 2. **Micro-Fulfillment Centers:** Para reducir los tiempos de entrega y acercar los inventarios a los consumidores, están surgiendo nuevos modelos como los micro-fulfillment centers. Estos centros de distribución de pequeñas dimensiones se sitúan en áreas urbanas densas para facilitar la rápida entrega de productos pedidos en línea.

3. **Economía Circular y Reutilización:** La integración de prácticas de economía circular en logística está cobrando cada vez más importancia. La reutilización de empaques y

pallets, junto con el reciclaje y la recuperación de materiales, son estrategias clave para reducir el impacto ambiental de las operaciones logísticas.

4. **Entrega del Último Kilómetro:** La entrega del último kilómetro es uno de los segmentos más complejos y costosos de la cadena de suministro, especialmente en áreas urbanas. Las soluciones van desde el crowdsourcing, utilizando mensajeros independientes para las entregas, hasta la exploración de modelos innovadores como los lockers refrigerados para productos alimenticios.
5. **Regulaciones y Normativas:** Las empresas de gran distribución deben navegar por un mar de regulaciones y normativas que varían de un país a otro. La conformidad con estos reglamentos es crucial para evitar sanciones y asegurar una reputación positiva en el mercado.
6. **Gestión de Relaciones:** La relación entre minoristas y proveedores se está volviendo cada vez más colaborativa. A través de la adopción de plataformas digitales, se facilita el intercambio de información y se promueve una mayor transparencia y cooperación para enfrentar desafíos comunes.
7. **Personalización del Servicio:** La capacidad de ofrecer servicios logísticos personalizados es cada vez más importante para satisfacer las diversas necesidades de los consumidores. Esto

incluye opciones de entrega flexibles, seguimiento en tiempo real de pedidos y eficientes servicios postventa.
Estas tendencias y desarrollos subrayan la complejidad y dinamismo del sector logístico en la gran distribución, destacando la importancia de estrategias innovadoras y soluciones tecnológicas avanzadas para mantener la competitividad en un mercado en rápida evolución.

La logística y la cadena de suministro siguen desarrollándose, incorporando nuevos desafíos y oportunidades en el ámbito de la gran distribución. Examinemos otras dinámicas y perspectivas que caracterizan este sector.

1. **Estrategias de Gestión de Inventarios:** La gestión de inventarios es vital, ya que un equilibrio adecuado entre la demanda y la oferta es esencial para reducir costos y prevenir la escasez de productos. Técnicas como Just-In-Time y el análisis en tiempo real de los datos de ventas son fundamentales para mantener niveles óptimos de inventario.
2. **Impacto de la Pandemia:** La pandemia de COVID-19 ha puesto a prueba la cadena de suministro global, resaltando la vulnerabilidad y

la necesidad de mayor resiliencia. La diversificación de proveedores, la regionalización de las cadenas de suministro y la inversión en tecnologías digitales son algunas estrategias adoptadas para mitigar riesgos futuros.

3. **Logística Inversa:** La logística inversa, que incluye operaciones relacionadas con las devoluciones de productos, es un área en crecimiento, especialmente en el ámbito del comercio electrónico. La gestión eficiente de las devoluciones es fundamental para mantener la satisfacción del cliente y minimizar los costos asociados.
4. **Ciberseguridad:** Con el aumento de la digitalización, la protección de datos y sistemas de información se ha vuelto prioritaria. Las empresas están invirtiendo en soluciones avanzadas de ciberseguridad para proteger la información sensible y prevenir interrupciones en las operaciones logísticas.
5. **Estandarización e Interoperabilidad:** La estandarización de procesos y la promoción de la interoperabilidad entre los diversos sistemas de información utilizados a lo largo de la cadena de suministro son fundamentales para garantizar la fluidez y eficiencia de las operaciones logísticas.
6. **Colaboración Multilateral:** El enfoque colaborativo entre los diferentes actores de la cadena de suministro, incluyendo empresas,

proveedores y autoridades portuarias, es esencial para optimizar toda la red logística y enfrentar desafíos como la congestión portuaria y las regulaciones aduaneras.

7. **Personalización de Productos:** El aumento de la demanda de productos personalizados tiene consecuencias en la logística, requiriendo una mayor flexibilidad en la producción y distribución y la capacidad de manejar una variedad más amplia de SKU.

Innovaciones en el Packaging La innovación en el packaging, incluido el uso de materiales sostenibles y soluciones para reducir el volumen del embalaje, es una tendencia que impacta en la logística, contribuyendo a la reducción de los costos de transporte y el impacto ambiental.

Desarrollo de Competencias La evolución del sector requiere la formación continua de los profesionales de la logística y la cadena de suministro, para desarrollar habilidades en entornos digitales, analíticos y en la gestión de relaciones.

Desarrollo de Infraestructuras La inversión en infraestructuras logísticas, como almacenes, hubs de distribución y redes de transporte, es crucial para respaldar la expansión de actividades y garantizar la eficiencia de las operaciones.

Estas dinámicas adicionales muestran la complejidad y multidimensionalidad del campo de la logística y la cadena de suministro en la gran distribución, destacando la necesidad de un enfoque integrado e innovador para navegar con éxito en este entorno en constante evolución.

Sostenibilidad Ambiental El concepto de sostenibilidad está ganando terreno en la logística. Las empresas son impulsadas, tanto por regulaciones como por la creciente conciencia de los consumidores, a reducir el impacto ambiental. Esto se traduce en iniciativas para reducir las emisiones de CO2, el uso de vehículos eléctricos para la distribución y la adopción de soluciones de economía circular en toda la cadena de suministro.

Dinámicas del Mercado Global El panorama de la cadena de suministro también está fuertemente influenciado por las dinámicas de los mercados globales, como las fluctuaciones cambiarias, conflictos comerciales e incertidumbres políticas. Por ende, las empresas deben desarrollar estrategias adaptativas y una resiliencia operativa para responder efectivamente a estos desafíos.

Inteligencia Artificial Predictiva El avance de las tecnologías de inteligencia artificial permite el análisis predictivo, lo que permite a las empresas anticipar la demanda de los consumidores, optimizar los niveles de inventario y prevenir cuellos de botella en la producción y distribución, asegurando la continuidad de las operaciones.

Ética y Responsabilidad Social La ética y la responsabilidad social se han convertido en pilares en la gestión de la cadena de suministro. El respeto de los derechos humanos, condiciones laborales justas y la lucha contra la corrupción son elementos clave que las empresas de la gran distribución están integrando en sus políticas y prácticas operativas.

Internet de las Cosas (IoT) El Internet de las Cosas continúa revolucionando la logística. Sensores y dispositivos conectados permiten el monitoreo en tiempo real de las condiciones de transporte, el rastreo preciso de la mercancía y la recopilación de datos valiosos para optimizar las operaciones y reducir costos.

Soluciones Cloud Las soluciones en la nube se están convirtiendo en el estándar para la gestión de datos en la cadena de suministro. Ofreciendo escalabilidad, accesibilidad y seguridad, la nube permite una mayor colaboración entre los diferentes actores de la cadena de suministro y facilita la implementación de soluciones innovadoras.

Personalización de los Servicios Logísticos La expectativa de servicios cada vez más personalizados por parte de los consumidores está llevando a una evolución en las ofertas logísticas. Opciones como la entrega programada, los puntos de recogida flexibles y los servicios postventa personalizados son cada vez más solicitados e integrados por los minoristas.

Análisis de Escenarios y Planificación Estratégica La importancia del análisis de escenarios y la planificación estratégica está en aumento. Las empresas están adoptando modelos avanzados de predicción y estrategias adaptativas para navegar en mercados cada vez más volátiles y competitivos, garantizando eficiencia y sostenibilidad.

Resiliencia y Gestión del Riesgo La creación de cadenas de suministro resilientes y la gestión proactiva del riesgo se han convertido en prioridades absolutas. Las empresas están desarrollando planes de continuidad operativa, diversificando proveedores y canales de distribución, e implementando tecnologías avanzadas para monitorear y responder a los posibles riesgos.

Innovación e Investigación y Desarrollo La inversión en innovación e investigación y desarrollo es fundamental para mantener la competitividad. Las empresas están explorando nuevas soluciones tecnológicas, modelos

operativos y alianzas estratégicas para mejorar el desempeño de la cadena de suministro y crear valor añadido.
Estos análisis adicionales delinean la amplitud y profundidad de los desarrollos y desafíos en el campo de la logística y la cadena de suministro en la gran distribución, subrayando la importancia de un enfoque holístico y proactivo para abordar las crecientes necesidades de un sector en constante evolución.

Robotización y Automatización La llegada de soluciones robotizadas y automatizadas está transformando las operaciones de almacén y distribución. Robots autónomos, sistemas de estanterías automatizadas y drones se utilizan para optimizar las actividades de selección, embalaje y entrega, reduciendo los tiempos de tránsito y minimizando errores humanos.
Blockchain para la Trazabilidad La tecnología blockchain está emergiendo como una herramienta fundamental para garantizar la trazabilidad y transparencia a lo largo de toda la cadena de suministro. Permite registrar de manera segura e inmutable todas las transacciones, facilitando la certificación del origen de los productos y la gestión de las certificaciones de calidad.

Integración Omnicanal La integración omnicanal es fundamental en un contexto minorista cada vez más orientado hacia lo digital. Las empresas buscan vincular sinérgicamente los canales en línea y fuera de línea, garantizando una consistencia en la experiencia de compra y una gestión eficiente de inventarios entre diferentes puntos de venta y plataformas de comercio electrónico.

Análisis de Grandes Datos (Big Data Analytics) El uso de Big Data Analytics está revolucionando la forma en que las empresas analizan e interpretan los datos. Permite procesar grandes volúmenes de datos de diversas fuentes, generando información valiosa para optimizar la demanda, mejorar la eficiencia operativa y personalizar las ofertas a los consumidores.

Energía Renovable y Eficiencia Energética La adopción de soluciones de energía renovable y la implementación de prácticas de eficiencia energética en centros de distribución y transporte son esenciales para reducir la huella de carbono de las operaciones logísticas y cumplir con los objetivos de sostenibilidad ambiental.

Creación de Ecosistemas Logísticos La construcción de ecosistemas logísticos integrados se está convirtiendo en una práctica clave. Estos ecosistemas involucran a proveedores, productores, distribuidores y minoristas que colaboran a través de plataformas digitales para sincronizar operaciones, compartir información y crear sinergias.

Legislación y Normativas Internacionales El cumplimiento de las legislaciones y normativas internacionales es crucial, especialmente para empresas que operan a escala global. Aranceles, regulaciones ambientales y estándares de seguridad son solo algunas de las consideraciones legales que afectan las operaciones de la logística y la cadena de suministro.

Salud y Seguridad Laboral La gestión de la salud y seguridad de los trabajadores es prioritaria. Implementar prácticas seguras, capacitar adecuadamente al personal y garantizar condiciones laborales óptimas son elementos esenciales para prevenir accidentes y mantener altos niveles de productividad.

Relaciones con la Comunidad Local Las empresas minoristas están cada vez más buscando establecer relaciones positivas con las comunidades locales. Esto incluye la adopción de prácticas éticas y sostenibles, el compromiso con las actividades comunitarias y la colaboración con las autoridades locales.

Dinámicas Demográficas y Preferencias de los Consumidores Las dinámicas demográficas y la evolución de las preferencias de los consumidores tienen un impacto significativo en la cadena de suministro. Analizar estas tendencias es fundamental para prever los cambios en la demanda y ajustar la oferta de productos y servicios.

Cada aspecto explorado contribuye a la complejidad y la continua evolución del sector de la logística y la cadena de suministro en la gran distribución, requiriendo un compromiso constante con la innovación y la adaptación a nuevos desafíos y oportunidades.

Personalización y Micro-Segmentación La creciente demanda de personalización y la capacidad de micro-segmentar los mercados gracias a los datos de comportamiento de los consumidores tienen un impacto notable. La capacidad de crear ofertas a medida requiere flexibilidad y capacidad de respuesta en la cadena de suministro para satisfacer rápidamente las necesidades y deseos en evolución.

Economía Circular y Upcycling El interés en la economía circular y el upcycling está aumentando. Las empresas están explorando formas innovadoras de reutilizar, reciclar y dar valor a los productos y materiales, contribuyendo a reducir los residuos y promover la sostenibilidad ambiental.

Última Milla de Entrega (Last-Mile Delivery) La entrega de la última milla es uno de los principales puntos de diferenciación y competencia. Soluciones creativas como los puntos de recogida, las entregas en el mismo día y los drones se están implementando para mejorar la eficiencia y la satisfacción del cliente.

Estrategias Multicanal y Cross-Channel
Las estrategias multicanal y cross-channel son esenciales en un mercado donde los consumidores utilizan varios canales para interactuar con las marcas. Asegurar coherencia, fluidez e integración entre los diferentes canales es crucial para ofrecer una experiencia de compra óptima.

Ciberseguridad Con la digitalización, la ciberseguridad se ha convertido en una prioridad. La protección de los datos de los clientes, las transacciones y las operaciones empresariales es esencial para prevenir ataques informáticos, fraudes y pérdidas de información sensible.

Gamificación y Compromiso del Cliente La introducción de elementos de gamificación en aplicaciones y plataformas digitales se utiliza para aumentar el compromiso de los clientes.

Esto influye en la gestión de inventarios y la planificación de promociones según la participación e interacción de los consumidores.

Impacto de las Redes Sociales Las redes sociales tienen un papel cada vez más determinante en la formación de las preferencias de los consumidores. Las reseñas en línea, los influencers y las campañas de marketing digital influyen en la percepción de la marca y, en consecuencia, en la demanda de productos.

Expansión en Nuevos Mercados La expansión en nuevos mercados geográficos o segmentos de mercado representa tanto una oportunidad como un desafío. Requiere una profunda comprensión de las dinámicas locales, la personalización de la oferta y la creación de redes de distribución eficientes.

Escenarios de Crisis y Contingencia La planificación para escenarios de crisis y la elaboración de planes de contingencia son esenciales. Eventos imprevistos como pandemias, catástrofes naturales o crisis económicas pueden interrumpir la cadena de suministro, lo que hace necesaria la capacidad de adaptarse y reaccionar rápidamente.

Alianzas Estratégicas y Asociaciones La formación de asociaciones y alianzas estratégicas con otros actores del sector, startups innovadoras o proveedores tecnológicos, puede contribuir a

mejorar la competitividad, la innovación y la eficiencia de la cadena de suministro.
Educación y Formación del Personal La inversión en la educación y formación del personal es fundamental para mantener altos niveles de competencia, eficiencia y adaptabilidad a los cambios tecnológicos y de mercado.
Al analizar estos aspectos adicionales, emerge cuánto la logística y la cadena de suministro en la gran distribución están influenciadas por una multiplicidad de factores y tendencias, que requieren una visión holística y un proceso continuo de actualización y adaptación.
En resumen, la logística y la cadena de suministro en la gran distribución son campos intrínsecamente dinámicos y multifacéticos, que requieren la implementación de estrategias avanzadas y la adaptación continua a un entorno en rápida evolución. Los conceptos clave como la robotización, la cadena de bloques, la integración omnicanal, el análisis de Big Data, la eficiencia energética y la creación de ecosistemas logísticos integrados representan solo algunos de los elementos fundamentales que están impulsando la transformación del sector.
Estos aspectos, junto con las iniciativas hacia la sostenibilidad, como la economía circular y el upcycling, delimitan un escenario en el que la

innovación tecnológica y la responsabilidad ambiental y social se entrelazan de manera cada vez más estrecha.
Además, la creciente importancia de una experiencia al cliente holística e integrada ha llevado a la implementación de estrategias multicanal y cross-channel avanzadas, que apuntan a crear una experiencia de compra fluida y coherente en todos los canales de venta.
La centralidad del cliente se refleja también en la evolución de las prácticas de entrega, con el surgimiento de soluciones creativas para la last-mile delivery y el aumento del engagement a través de técnicas de gamificación.
Al mismo tiempo, la necesidad de garantizar la seguridad de la información ha hecho de la ciberseguridad un pilar imprescindible de las operaciones, mientras que el papel creciente de las redes sociales y las reseñas en línea destaca cómo la reputación de la marca puede ser significativamente influenciada por la percepción del público.
La expansión en nuevos mercados y segmentos de mercado, la formación de asociaciones estratégicas y la inversión en la formación del personal son otras palancas estratégicas. Estas permiten navegar los desafíos del contexto global, aumentar la competitividad y responder

rápidamente a escenarios de crisis y situaciones contingentes.
Finalmente, la perspectiva holística y multidimensional que caracteriza la logística y la cadena de suministro moderna subraya la importancia de una visión integrada, que tenga en cuenta las interconexiones entre los diversos factores y tendencias. En este panorama, la capacidad de analizar, interpretar y anticipar las dinámicas del mercado y las evoluciones tecnológicas se vuelve fundamental para asegurar la sostenibilidad, la eficiencia y el éxito a largo plazo de las operaciones en la gran distribución.

6. Gestión de Stocks y Almacén

La gestión de stocks y almacén es un componente crucial en la gran distribución moderna, con el objetivo de optimizar los niveles de inventario, reducir costos y mejorar la satisfacción del cliente. Este ámbito abarca diversas prácticas, tecnologías y estrategias que contribuyen a garantizar la disponibilidad de productos y a minimizar el riesgo de excesos o faltantes.

Tecnologías de Rastreo y RFID Las tecnologías de rastreo, como códigos de barras y etiquetas RFID, son fundamentales para monitorear el movimiento de mercancías en almacenes y a lo largo de la cadena de suministro. Estas tecnologías permiten una gestión eficiente de inventarios y reducen errores.

Sistema WMS (Warehouse Management System) Los sistemas WMS son software diseñados para optimizar las operaciones de almacén. Gestionan la recepción, almacenamiento, preparación de pedidos y envíos, mejorando la eficiencia y reduciendo los tiempos de ejecución.

Justo a Tiempo y Inventario Magro El concepto Justo a Tiempo implica recibir mercancía solo cuando es necesaria, reduciendo así los niveles de stock y liberando espacio de almacén. El Inventario Magro es una estrategia similar, enfocada en reducir desperdicios y optimizar recursos.

Pronóstico de la Demanda y Análisis de Datos Utilizar herramientas de análisis de datos y algoritmos de pronóstico de la demanda es esencial para prever las fluctuaciones del mercado, planificar compras adecuadamente y ajustar los niveles de stock según las tendencias de consumo.

Automatización y Robótica La automatización y la robótica desempeñan un papel cada vez más importante en almacenes modernos. Los robots pueden mover mercancías, preparar pedidos y contribuir a reducir los tiempos de entrega, mejorando la eficiencia general.

Gestión de Reservas de Seguridad Mantener un nivel adecuado de reservas de seguridad es crucial para enfrentar variaciones imprevistas en la demanda o retrasos en las entregas. Este equilibrio ayuda a prevenir roturas de stock y mantener altos niveles de servicio al cliente.

Venta Omnicanal La integración entre canales online y offline requiere una gestión de stocks altamente sincronizada y flexible. La visibilidad en tiempo real de los inventarios es fundamental para satisfacer las expectativas de los clientes en un entorno omnicanal.

Redes de Distribución y Centros de Clasificación El diseño y la optimización de las redes de distribución y los centros de clasificación afectan la velocidad y eficiencia de la cadena de suministro. La ubicación estratégica de estos centros es vital para minimizar los tiempos de transporte y los costos.

Sostenibilidad y Reducción de Desperdicios Las prácticas sostenibles en la gestión de almacén incluyen la reducción de embalajes, el reciclaje, el uso de energías renovables y la minimización de desperdicios. Estos enfoques contribuyen a reducir el impacto ambiental de las operaciones de almacén.
Formación del Personal y Seguridad Laboral La formación continua del personal es esencial para mantener altos niveles de eficiencia y garantizar la seguridad laboral. La adopción de mejores prácticas y la actualización en nuevas tecnologías contribuyen a crear un entorno laboral seguro y eficiente.

Al observar la interacción de estos elementos, se comprende cómo la gestión de stocks y almacén en la gran distribución es un proceso complejo que requiere un cuidadoso equilibrio entre eficiencia operativa, satisfacción del cliente y sostenibilidad.

Un enfoque particular en la gestión de stocks y almacén se dirige a la implementación de sistemas de inteligencia artificial (IA) y aprendizaje automático. Estas tecnologías están cobrando cada vez más relevancia en el análisis de datos históricos y de comportamiento de los consumidores, permitiendo predecir con mayor precisión las futuras tendencias de compra y optimizar en consecuencia los niveles de inventario. El aprendizaje automático, en particular, es capaz de analizar grandes cantidades de datos en tiempo real, adaptándose a las variaciones del mercado y proporcionando valiosos insights para la planificación de inventarios.

Gestión de Stocks y Almacén

La gestión de stocks y almacén es un componente crucial en la gran distribución moderna, con el objetivo de optimizar los niveles de inventario, reducir costos y mejorar la satisfacción del cliente. Este ámbito abarca diversas prácticas, tecnologías y estrategias que contribuyen a garantizar la disponibilidad de productos y a minimizar el riesgo de excesos o faltantes.

Tecnologías de Rastreo y RFID Las tecnologías de rastreo, como códigos de barras y etiquetas RFID, son fundamentales para monitorear el movimiento de mercancías en almacenes y a lo largo de la cadena de suministro. Estas tecnologías permiten una gestión eficiente de inventarios y reducen errores.

Sistema WMS (Warehouse Management System) Los sistemas WMS son software diseñados para optimizar las operaciones de almacén. Gestionan la recepción, almacenamiento, preparación de pedidos y envíos, mejorando la eficiencia y reduciendo los tiempos de ejecución.

Justo a Tiempo y Inventario Magro El concepto Justo a Tiempo implica recibir mercancía solo cuando es necesaria, reduciendo así los niveles de stock y liberando espacio de almacén. El Inventario Magro es una estrategia similar, enfocada en reducir desperdicios y optimizar recursos.

Pronóstico de la Demanda y Análisis de Datos Utilizar herramientas de análisis de datos y algoritmos de pronóstico de la demanda es esencial para prever las fluctuaciones del mercado, planificar compras adecuadamente y ajustar los niveles de stock según las tendencias de consumo.

Automatización y Robótica La automatización y la robótica desempeñan un papel cada vez más importante en almacenes modernos. Los robots pueden mover mercancías, preparar pedidos y contribuir a reducir los tiempos de entrega, mejorando la eficiencia general.

Gestión de Reservas de Seguridad Mantener un nivel adecuado de reservas de seguridad es crucial para enfrentar variaciones imprevistas en la demanda o retrasos en las entregas. Este equilibrio ayuda a prevenir roturas de stock y mantener altos niveles de servicio al cliente.

Venta Omnicanal La integración entre canales online y offline requiere una gestión de stocks altamente sincronizada y flexible. La visibilidad en tiempo real de los inventarios es fundamental para satisfacer las expectativas de los clientes en un entorno omnicanal.

Redes de Distribución y Centros de Clasificación El diseño y la optimización de las redes de distribución y los centros de clasificación afectan la velocidad y eficiencia de la cadena de suministro. La ubicación estratégica de estos centros es vital para minimizar los tiempos de transporte y los costos.

Sostenibilidad y Reducción de Desperdicios Las prácticas sostenibles en la gestión de almacén incluyen la reducción de embalajes, el reciclaje, el uso de energías renovables y la minimización de desperdicios. Estos enfoques contribuyen a reducir el impacto ambiental de las operaciones de almacén.

Formación del Personal y Seguridad Laboral La formación continua del personal es esencial para mantener altos niveles de eficiencia y garantizar la seguridad laboral. La adopción de mejores prácticas y la actualización en nuevas tecnologías contribuyen a crear un entorno laboral seguro y eficiente.

Al observar la interacción de estos elementos, se comprende cómo la gestión de stocks y almacén en la gran distribución es un proceso complejo que requiere un cuidadoso equilibrio entre eficiencia operativa, satisfacción del cliente y sostenibilidad.
Un enfoque particular en la gestión de stocks y almacén se dirige a la implementación de sistemas de inteligencia artificial (IA) y aprendizaje automático. Estas tecnologías están cobrando cada vez más relevancia en el análisis de datos históricos y de comportamiento de los consumidores, permitiendo predecir con mayor precisión las futuras tendencias de compra y optimizar en consecuencia los niveles de inventario. El aprendizaje automático, en particular, es capaz de analizar grandes cantidades de datos en tiempo real, adaptándose a las variaciones del mercado y proporcionando valiosos insights para la planificación de inventarios.
El creciente énfasis en el bienestar animal y las prácticas éticas en las cadenas de suministro de alimentos ha llevado a las empresas a revisar sus políticas de compras y almacén. El rastreo y la certificación de productos de origen animal se han vuelto prioritarios para satisfacer las expectativas de los consumidores y garantizar el cumplimiento normativo. Finalmente, la

interconexión entre diversos sistemas de gestión a través del Internet de las Cosas (IoT) está mejorando la eficiencia operativa. Los sensores y dispositivos conectados recopilan datos en tiempo real, proporcionando información valiosa para monitorear las condiciones del almacén, gestionar inventarios y realizar mantenimiento preventivo del equipo. En resumen, la complejidad y rapidez de los cambios en el panorama minorista exigen una constante innovación y adaptación en la gestión de inventarios y almacenes. Las empresas deben permanecer proactivas y flexibles, adoptando nuevas tecnologías y prácticas para abordar los desafíos emergentes y satisfacer las crecientes expectativas de los consumidores.

La integración de la robótica avanzada en entornos de almacén se está convirtiendo cada vez más en una práctica común. Los robots móviles autónomos (AMR) y los sistemas automatizados de almacenamiento y recuperación (AS/RS) están transformando la gestión de inventarios, reduciendo los tiempos de manipulación de mercancías y minimizando los errores humanos. La robótica, combinada con sistemas de visión artificial, permite la recolección y el empaquetado de productos de manera más eficiente y precisa. Las tecnologías de realidad aumentada (AR) se están convirtiendo en herramientas indispensables en la gestión de almacenes. A través de dispositivos como gafas inteligentes, los trabajadores pueden recibir información en tiempo real, indicaciones de navegación y asistencia visual para tareas como recoger, inspeccionar y mantener, lo que aumenta significativamente su productividad y reduce errores. La transformación digital también ha introducido el concepto de almacén conectado. A través del Internet de las Cosas (IoT), cada elemento del almacén, desde la mercancía hasta los estantes y los vehículos de manejo, puede ser monitoreado en tiempo real. Esta conectividad permite un control más preciso de los inventarios, una mejor planificación de recursos y una respuesta más rápida a las variaciones en la demanda. La sostenibilidad es otro tema predominante en la gestión de inventarios y almacenes. Las empresas están explorando soluciones innovadoras para reducir el impacto ambiental de sus operaciones, como el uso de materiales de embalaje ecológicos, la reducción de desperdicios a través de prácticas de upcycling y la implementación de sistemas avanzados de gestión de energía para minimizar el consumo de energía. La participación de los proveedores es esencial para una gestión efectiva de inventarios. A través de prácticas de colaboración y la adopción de plataformas digitales compartidas, las empresas pueden sincronizar sus planes de producción y distribución, mejorando la visibilidad a lo largo de la cadena de suministro y reduciendo los riesgos de rupturas o excesos de inventario. Otro aspecto importante es la atención a la seguridad. Las empresas están adoptando tecnologías avanzadas para garantizar la seguridad de los trabajadores y prevenir incidentes en el almacén. Por ejemplo, sistemas de detección de movimiento y alertas inmediatas pueden ayudar a prevenir colisiones entre personas y vehículos de manejo. Para abordar la incertidumbre del mercado y las fluctuaciones en la demanda, la flexibilidad se ha convertido en una característica esencial de la gestión de inventarios. Las soluciones basadas en la nube y los algoritmos de aprendizaje automático permiten a las empresas adaptar rápidamente sus estrategias de almacenamiento y distribución en respuesta a los cambios del mercado. Finalmente, la atención al cliente es el centro de la gestión de inventarios en la gran distribución. La capacidad para satisfacer las necesidades de los clientes de manera rápida y precisa es fundamental para construir relaciones a largo plazo y garantizar la fidelidad. Esto implica un análisis cuidadoso de los hábitos de compra, la optimización de los niveles de servicio y la personalización de las ofertas.

La implementación de Blockchain está revolucionando la transparencia y la trazabilidad en la gestión de inventarios y almacenes. Esta tecnología permite un registro seguro e inmutable de las transacciones a lo largo de toda la cadena de suministro, facilitando la verificación de la autenticidad de los productos y reduciendo el riesgo de fraudes y falsificaciones. La formación y actualización del personal encargado de la gestión del almacén se han vuelto cruciales. Se organizan regularmente cursos de formación y talleres para mantener al personal al día con las nuevas tecnologías y las mejores prácticas de la industria. La inversión en capital humano no solo contribuye a mejorar la eficiencia operativa, sino también a aumentar la satisfacción y motivación de los trabajadores. El concepto de almacén como centro de costos está cambiando, con muchas empresas que comienzan a ver el almacén como un centro de valor agregado. Este cambio de perspectiva está llevando a nuevas estrategias para optimizar el uso del espacio del almacén, mejorar los procesos logísticos y ofrecer servicios adicionales, como embalaje personalizado y etiquetado de productos.

Las empresas también están explorando el uso de drones para la gestión de almacenes. Los drones

pueden utilizarse para realizar inventarios, monitorear las condiciones de los productos y localizar rápidamente la mercancía en el almacén. Esto puede reducir significativamente los tiempos de gestión de inventario y mejorar la precisión de los datos de stock.
La implementación de sistemas de gestión del rendimiento basados en KPI (Indicadores Clave de Desempeño) está ayudando a las empresas a monitorear y mejorar la eficiencia del almacén. A través del análisis de KPI, como la precisión de los pedidos y los tiempos de ciclo, las empresas pueden identificar áreas de mejora e implementar acciones correctivas.

El diseño y la optimización del espacio del almacén se están volviendo cada vez más sofisticados, con la introducción de soluciones como la modelización 3D y la simulación computarizada. Estas herramientas permiten probar diferentes configuraciones del almacén y optimizar la asignación de recursos según las necesidades específicas de cada empresa.
Además, la creciente preocupación por la seguridad de los datos ha llevado a un refuerzo de las medidas de seguridad informática. Las empresas están adoptando protocolos de seguridad avanzados y soluciones de respaldo para proteger los datos sensibles y garantizar la

continuidad operativa en caso de ataques informáticos.
La atención al bienestar y la salud de los trabajadores es otro aspecto que está ganando relevancia en la gestión de inventarios y almacenes. La adopción de tecnologías ergonómicas, la promoción de estilos de vida saludables y la implementación de protocolos de seguridad en el trabajo son todas iniciativas que contribuyen a crear un entorno de trabajo seguro y productivo.
Finalmente, el papel de las previsiones de ventas en la gestión de inventarios se está volviendo cada vez más central. El uso de modelos predictivos y análisis de series históricas permite anticipar las tendencias del mercado y planificar con mayor precisión la compra y asignación de mercancías, reduciendo el riesgo de obsolescencia y asegurando la disponibilidad de productos.
En resumen, la gestión de inventarios y almacenes es un elemento clave en la gran distribución moderna y está experimentando un período de rápida evolución e innovación. La introducción y la implementación de nuevas tecnologías como la robótica, la inteligencia artificial, Blockchain y los drones están llevando a una revolución en los procesos logísticos, lo que contribuye a reducir costos, mejorar la eficiencia

y aumentar la precisión en la gestión de inventarios.
La atención a la formación y el bienestar del personal, unida a un mayor enfoque en la seguridad física y de datos, está contribuyendo a crear un entorno de trabajo más seguro y productivo, con trabajadores más motivados y competentes.
La transformación de la percepción del almacén de un centro de costos a un centro de valor agregado subraya la importancia estratégica de la gestión de inventarios en la cadena de valor de las empresas. Este cambio de paradigma está llevando a nuevos modelos de negocios y a nuevas oportunidades para ofrecer servicios adicionales y crear valor para el cliente.
La adopción de herramientas de análisis avanzado y modelos predictivos está mejorando la capacidad de las empresas para anticipar las tendencias del mercado y adaptarse de manera proactiva a las fluctuaciones de la demanda. Esto, a su vez, está reduciendo el riesgo de obsolescencia y garantizando una mejor disponibilidad de productos.
Además, la adopción de prácticas sostenibles y la participación de proveedores a través de plataformas digitales compartidas resaltan un compromiso creciente con la responsabilidad

ambiental y social, y con la creación de cadenas de suministro más resilientes y sostenibles.
Por último, el diseño optimizado de almacenes y la innovación en la gestión del espacio están contribuyendo a maximizar la eficiencia operativa y a adaptar las infraestructuras logísticas a las necesidades cada vez más complejas y dinámicas del mercado.
En resumen, la gestión de inventarios y almacenes en la gran distribución moderna es un campo en constante evolución, caracterizado por desafíos y oportunidades, donde la innovación tecnológica, la atención al personal y al cliente, la sostenibilidad y la estrategia empresarial se entrelazan para formar un ecosistema complejo y dinámico.

7. Merchandising y Diseño de Tiendas

El merchandising y el diseño de tiendas son factores fundamentales que influyen en el comportamiento de compra de los consumidores en el sector minorista moderno. Estos aspectos, cuando se gestionan estratégicamente, pueden optimizar la presentación de productos, estimular el interés de los clientes e incrementar las ventas.

El Merchandising se ocupa de la disposición, presentación y promoción de productos dentro de la tienda. Comprende diversas técnicas y estrategias, como el uso de expositores promocionales, la creación de zonas calientes y frías en la tienda, y la disposición óptima de los productos en los estantes para atraer la atención del cliente y fomentar la compra.

El **Diseño de la Tienda**, por otro lado, se refiere al diseño y la organización del espacio interior, incluyendo la disposición de estantes, islas promocionales, cajas y áreas de servicio. Un diseño bien planificado favorece la circulación de los clientes, crea un ambiente agradable y realza los productos en venta.

El Visual Merchandising es una disciplina clave en este contexto. Se basa en el uso creativo de luces, colores, gráficos y materiales para crear un entorno atractivo y estimular una experiencia de compra positiva. El Visual Merchandising busca comunicar la identidad de la marca, realzar los productos y crear un vínculo emocional con los clientes.

El análisis de datos y la inteligencia artificial se están convirtiendo en herramientas cada vez más importantes en el campo del merchandising y del diseño de tiendas. El uso de análisis predictivos, mapas de calor y datos de rastreo de clientes permite a los minoristas optimizar la disposición de los productos, predecir las tendencias de compra y personalizar las ofertas promocionales según el comportamiento y las preferencias de los consumidores.

La sostenibilidad es otro tema central. Los minoristas están adoptando materiales ecológicos, reduciendo el uso de plástico e incentivando prácticas sostenibles. El creciente interés de los consumidores por el medio ambiente y la ética está influenciando las decisiones de merchandising y el diseño de las tiendas, con un enfoque en la transparencia, responsabilidad y valores corporativos.

Otro elemento clave es la omnicanalidad, es decir, la capacidad de integrar la experiencia de compra en línea y fuera de línea. Los elementos de merchandising y el diseño de la tienda deben ser coherentes con la presencia digital de la marca, y las estrategias promocionales deben

estar integradas entre los diferentes canales de venta.
Además, la personalización de la experiencia de compra se está volviendo cada vez más relevante. Los minoristas están explorando soluciones tecnológicas, como aplicaciones para teléfonos inteligentes y realidad aumentada, para ofrecer servicios personalizados, recomendaciones de productos y promociones dirigidas, basadas en los datos y hábitos de compra de los clientes.
Finalmente, la formación del personal de ventas y la creación de un entorno laboral positivo son elementos esenciales para el éxito de las estrategias de merchandising y diseño. Un equipo motivado y competente puede ofrecer un servicio al cliente de calidad y contribuir a crear un ambiente acogedor y estimulante en el punto de venta.
Uno de los aspectos centrales del merchandising es la psicología del consumidor. Comprender cómo piensan, sienten y reaccionan los clientes es fundamental para crear un diseño y una exposición de productos que influyan en el comportamiento de compra. Por ejemplo, estudios han demostrado que los productos posicionados a la altura de los ojos se notan y compran más. De igual manera, el uso de colores vibrantes y una iluminación focalizada puede atraer la atención sobre productos específicos.

El **sonido ambiente** de la tienda es otro factor que influye en la experiencia de compra. La música, el volumen y los sonidos dentro de la tienda pueden influir en el tiempo que los clientes pasan dentro de la tienda y en su estado de ánimo, y por lo tanto, en su comportamiento de compra. Estrategias bien planificadas de diseño sonoro pueden mejorar la atmósfera de la tienda y estimular reacciones emocionales específicas en los clientes.

Incluso los perfumes desempeñan un papel en el merchandising sensorial. Algunas tiendas utilizan difusores de aromas para crear un ambiente olfativo agradable y acogedor, o para evocar recuerdos y emociones que pueden influir en la compra. Por ejemplo, el olor a pan recién horneado en un supermercado puede estimular el apetito e incrementar la venta de productos alimenticios.
Además, la integración de la tecnología en los puntos de venta se está volviendo cada vez más sofisticada. Además de las soluciones de realidad aumentada y las aplicaciones personalizadas, algunos minoristas están experimentando con el uso de pantallas interactivas, quioscos digitales y etiquetas electrónicas en los estantes para proporcionar información detallada sobre los productos, reseñas de clientes y opciones de

personalización. Estas tecnologías también pueden recopilar datos sobre el comportamiento de los clientes en la tienda, proporcionando valiosos conocimientos para optimizar aún más el merchandising y el diseño.
La gestión del surtido y la rotación de productos son prácticas cruciales en el merchandising. Mantener un surtido de productos frescos y variados, que responda a las necesidades y deseos de los clientes, es esencial para mantener vivo el interés y fomentar la fidelidad. Al mismo tiempo, es importante equilibrar la variedad con el espacio disponible y garantizar que los productos con fecha de caducidad próxima o en exceso de stock se manejen de manera eficiente a través de descuentos, promociones u otros canales de venta.
La accesibilidad y la usabilidad de los productos son igualmente fundamentales. Un diseño bien planificado facilita la navegación, reduce el tiempo de búsqueda de productos y mejora la eficiencia del proceso de compra. El uso de una señalización clara, la organización lógica de las categorías de productos y la presencia de rutas intuitivas contribuyen a crear una experiencia de compra fluida y satisfactoria.
Además, el diseño y el merchandising deben tener en cuenta las diferentes necesidades de los clientes según factores demográficos, culturales y

socioeconómicos. Por ejemplo, en áreas con una población más joven o multicultural, puede ser apropiado ofrecer una variedad de productos más diversa e innovadora o emplear estrategias de comunicación y promoción diferentes.
Finalmente, la flexibilidad y la adaptabilidad son características esenciales del merchandising moderno. El mercado minorista está en constante evolución, con nuevas tendencias, productos y expectativas de los clientes que emergen regularmente. Ser capaz de adaptar rápidamente el diseño de la tienda y las estrategias de merchandising a estos cambios es fundamental para mantener la competitividad y satisfacer las necesidades de los consumidores.
Además de los elementos ya mencionados, el Visual Merchandising es un componente fundamental del diseño de tiendas. Se centra en el aspecto estético del punto de venta, utilizando expositores, maniquíes, imágenes y otros elementos visuales para crear un entorno atractivo y coherente con la imagen de la marca. Un visual merchandising bien realizado puede aumentar la visibilidad de los productos, estimular el interés de los clientes e influir positivamente en las decisiones de compra.
En el contexto de la gran distribución, la localización y disposición de los productos dentro de la tienda son estratégicas. Los artículos de

primera necesidad, como la leche y el pan, a menudo se colocan al fondo de la tienda, alentando a los clientes a recorrer todo el espacio y aumentando así la probabilidad de compras impulsivas. Del mismo modo, los productos de alto margen de beneficio suelen colocarse a la altura de los ojos, mientras que aquellos de bajo margen se colocan más arriba o más abajo en los estantes.

Las zonas cálidas y frías de la tienda representan otro concepto importante. Las zonas cálidas son áreas de alto tráfico, donde los clientes tienden a detenerse más tiempo, mientras que las zonas frías son áreas menos frecuentadas. Identificar y optimizar estas zonas puede ayudar a maximizar la exposición de productos e incrementar las ventas.

El análisis de datos juega un papel crucial en la gestión del merchandising y el diseño de tiendas. Los datos de ventas, flujo de clientes, tiempo pasado en la tienda y otros factores de comportamiento pueden proporcionar valiosos conocimientos para optimizar la disposición de productos, el surtido y las estrategias promocionales. El uso de tecnologías avanzadas, como la geolocalización y los sensores de movimiento, puede perfeccionar aún más el análisis y respaldar decisiones informadas.

Sostenibilidad, Socialización y Personalización en el Merchandising y Diseño de Tiendas

La sostenibilidad se ha convertido en una consideración cada vez más importante en el merchandising y en el diseño de tiendas. Los consumidores modernos son cada vez más conscientes del impacto ambiental de los productos que compran y de las tiendas que frecuentan. Implementar prácticas sostenibles, como el uso de materiales reciclados o reciclables para los expositores, la optimización de la iluminación y la energía, y la promoción de productos ecológicos, puede mejorar la imagen de la marca y atraer a clientes conscientes. Además, el aspecto social y comunitario de las tiendas está ganando relevancia. Crear espacios para la interacción y la socialización, ofrecer servicios adicionales como cafeterías o áreas de juego para niños, y organizar eventos y actividades pueden transformar el punto de venta en un lugar de encuentro y experiencias, fortaleciendo el vínculo con la clientela y la fidelización. Finalmente, la personalización es una tendencia en crecimiento en el retail. Ofrecer soluciones personalizadas, como productos a medida, etiquetas personalizables o servicios de asesoramiento individualizado, puede crear un valor agregado para los clientes y diferenciar la tienda de la competencia. Integrar tecnologías como la impresión en 3D o pantallas interactivas puede respaldar estas estrategias y enriquecer la oferta del punto de venta. En conclusión, el merchandising y el diseño de tiendas en la gran distribución son elementos clave que influyen directamente en el comportamiento de compra de los consumidores y, por consiguiente, en el éxito comercial del punto de venta. La disposición estratégica de los productos, el uso efectivo de las zonas cálidas y frías, el análisis de datos y la adopción de tecnologías innovadoras son todas tácticas que contribuyen a crear un ambiente de venta optimizado y atractivo. El visual merchandising, que se enfoca en el aspecto estético de la tienda, utiliza varios elementos visuales para crear una experiencia de compra coherente y estimulante, influenciando positivamente la percepción de la marca y las decisiones de los clientes. La incorporación de prácticas sostenibles y la creación de una atmósfera social y comunitaria también son esenciales para responder a las crecientes expectativas de los consumidores modernos, quienes buscan no solo productos, sino también valores y experiencias. La introducción de soluciones personalizadas y la implementación de servicios adicionales y tecnologías avanzadas, como la impresión en 3D y las pantallas interactivas, ofrecen oportunidades adicionales para diferenciarse de la competencia y crear un fuerte vínculo con la clientela. En un mercado cada vez más competitivo y en evolución, la capacidad de innovar y adaptar el merchandising y el diseño de tiendas a las necesidades y deseos de los consumidores es crucial para mantener y expandir la cuota de mercado. El aspecto sostenible, en particular, se ha convertido no solo en un valor agregado, sino también en un imperativo, dada la creciente conciencia ambiental entre los consumidores. Las iniciativas ecológicas, el uso de materiales ecológicos y la promoción de productos sostenibles contribuyen no solo a mejorar la imagen de la marca, sino también a satisfacer una demanda cada vez más exigente e informada. Finalmente, el análisis continuo y la experimentación, basados en datos confiables y actualizados, permitirán a los minoristas anticipar tendencias, adaptar estrategias y ofrecer una experiencia de compra siempre a la altura de las expectativas de los consumidores, asegurando así el éxito a largo plazo en el dinámico sector de la gran distribución.

8. Private Label vs Marcas de renombre

El contraste entre las marcas privadas (Private Label) y las marcas de renombre es un tema central en la distribución minorista. Las marcas privadas, también conocidas como etiquetas privadas, son productos fabricados o suministrados por terceros, pero se venden bajo la marca del minorista. En cambio, las marcas de renombre son productos fabricados y vendidos bajo la marca del productor.

Marcas Privadas

1. **Precio:** Por lo general, los productos de marcas privadas tienen un precio más bajo en comparación con las marcas de renombre, lo que los hace atractivos para los consumidores sensibles al precio.
2. **Margen de beneficio:** Los minoristas tienden a obtener márgenes de beneficio más altos con los productos de marcas privadas.
3. **Control:** Los minoristas tienen un mayor control sobre la producción, la calidad y la estrategia de marketing de los productos de marcas privadas.
4. **Exclusividad:** Al ser exclusivos de un determinado minorista, los productos de marcas privadas pueden contribuir a diferenciar la oferta y a crear lealtad del cliente.

5. **Adaptabilidad:** Las marcas privadas pueden adaptarse rápidamente para satisfacer las necesidades del mercado y las tendencias de los consumidores.

Marcas de Renombre

1. **Reconocimiento de Marca:** Las marcas de renombre gozan de un alto reconocimiento y una reputación consolidada, lo que puede traducirse en una mayor confianza del consumidor.
2. **Marketing y Publicidad:** Las marcas de renombre invierten significativamente en marketing y publicidad, aumentando la demanda y a menudo justificando precios más altos.
3. **Innovación:** Las marcas de renombre suelen estar a la vanguardia en términos de investigación y desarrollo, y lanzan regularmente nuevos productos e innovaciones.
4. **Amplia Distribución:** Los productos de marcas de renombre suelen estar disponibles en una variedad de puntos de venta, lo que aumenta su visibilidad y accesibilidad.

En resumen, tanto las marcas privadas como las marcas de renombre tienen ventajas y desafíos únicos. Los minoristas deben considerar cuidadosamente su estrategia con respecto a estos dos tipos de productos, equilibrando factores como el precio, la calidad, el control de la marca y la lealtad del cliente, para optimizar su oferta y satisfacer las diversas necesidades de los consumidores.

Continuando con la exploración del dinámico escenario de las marcas privadas y las de renombre, nos sumergimos en aspectos y facetas adicionales de esta dimensión minorista. El panorama del comercio minorista moderno ve una creciente variedad de estrategias y enfoques, no solo en la forma en que se posicionan los productos en el mercado, sino también en cómo son percibidos por los consumidores.

Desarrollo del Mercado: Con el tiempo, el mercado de las marcas privadas ha crecido exponencialmente. Inicialmente asociados con productos de baja calidad y bajo costo, estos artículos han experimentado una transformación, con los minoristas que ahora ofrecen opciones premium y especializadas, atrayendo una base de clientes más amplia y diversa. Del mismo modo, las marcas de renombre continúan explorando nuevos segmentos de mercado y diversificando sus ofertas para mantener la relevancia y la competitividad.

Confianza del Consumidor: La percepción y la confianza del consumidor desempeñan un papel crucial en el éxito tanto de las marcas privadas como de las de renombre. Las revisiones en línea, las calificaciones de productos y las certificaciones de calidad han aumentado la visibilidad y la transparencia, influyendo en las decisiones de compra y construyendo o destruyendo la reputación de las marcas.

Sostenibilidad y Responsabilidad Social: En una era en la que la sostenibilidad está en el centro de atención, tanto las marcas privadas como las de renombre están invirtiendo en prácticas ecológicamente sostenibles, producción ética y envases ecoamigables. Estos esfuerzos no solo responden a las crecientes expectativas de los consumidores, sino que también contribuyen a construir una imagen de marca positiva y responsable.

Personalización y Diferenciación: La personalización de productos y la adaptación a las preferencias locales se han convertido en factores clave para crear valor. Las marcas privadas, al tener un control directo sobre la producción y el marketing, pueden experimentar fácilmente con nuevas fórmulas y variedades, mientras que las marcas de renombre pueden aprovechar su experiencia y conocimiento del mercado para introducir innovaciones dirigidas.

Estrategias de Precio y Promoción: Las dinámicas de precios entre las marcas privadas y las de renombre están en constante evolución.

Mientras que las promociones y descuentos son herramientas comunes para estimular las ventas, la adopción de estrategias de precios dinámicos y personalizados, basadas en análisis de datos avanzados, se está volviendo cada vez más prevalente.

Adopción Tecnológica: El uso de tecnología, como la inteligencia artificial, el análisis de big data y la realidad aumentada, está moldeando la interacción entre consumidores y productos. Estas tecnologías permiten una mayor personalización de la experiencia de compra y una mejor comprensión de los hábitos y preferencias de los consumidores.

Colaboraciones y Asociaciones: La evolución del mercado también ha presenciado un aumento en las colaboraciones entre las marcas privadas y las de renombre. Estas alianzas pueden implicar el intercambio de recursos de producción, habilidades de marketing o canales de distribución, creando sinergias y oportunidades mutuamente beneficiosas. En este contexto de rápida evolución, tanto las marcas privadas como las de renombre se enfrentan al desafío de mantenerse ágiles, innovar constantemente y adaptarse a las cambiantes necesidades y expectativas de los consumidores. La profundidad y la complejidad de este entorno requieren una observación cuidadosa y una estrategia bien ponderada para navegar con éxito en el panorama minorista.

Efectos de la Globalización: La globalización ha tenido un impacto significativo en la distribución de productos. Las marcas de renombre, con su presencia global, han obtenido acceso a nuevos mercados y consumidores. Al mismo tiempo, las marcas privadas se han beneficiado de la posibilidad de producir en países con costos de producción más bajos, manteniendo al mismo tiempo estándares de calidad elevados.

Guerras de Precios: El mercado a menudo es escenario de guerras de precios, especialmente cuando entran en juego economías de escala y la producción en masa. Para mantener su cuota de mercado, las marcas de renombre pueden decidir reducir los precios, presionando a las marcas privadas a revisar sus estrategias de precios para mantenerse competitivas.

Fidelización del Cliente: Las estrategias de fidelización de clientes se han vuelto cada vez más sofisticadas y centrales. Programas de lealtad, tarjetas de puntos y ofertas exclusivas son herramientas que tanto las marcas privadas como las de renombre utilizan para mantener e incrementar su base de clientes.

Reputación e Imagen de Marca: La imagen de marca y la reputación son activos inestimables para ambos. Mientras que las marcas de renombre a menudo invierten sumas importantes en publicidad, las marcas privadas confían en la calidad y la satisfacción del cliente para construir y mantener su reputación.

Tendencias de Consumo: El seguimiento de las tendencias de consumo es fundamental para ambas partes. Comprender los hábitos de los consumidores, sus preferencias y valores ayuda tanto a las marcas privadas como a las de renombre a adaptar sus productos y estrategias de marketing.

Normativas y Certificaciones: El cumplimiento de normativas rigurosas y la obtención de certificaciones de calidad son esenciales para ganar la confianza de los consumidores. Tanto las marcas de renombre como las marcas privadas invierten en este sector, asegurando la conformidad con los más altos estándares.

Análisis de Datos e Inteligencia de Mercado: La importancia del análisis de datos no puede ser subestimada. La capacidad de recolectar, analizar y actuar en función de los datos de los consumidores es fundamental para personalizar las ofertas, predecir tendencias y optimizar las estrategias de venta.

Resiliencia y Agilidad: En un mercado en constante cambio, la resiliencia y la agilidad son clave para el éxito. La capacidad de adaptarse rápidamente a los cambios del mercado, a los shocks económicos y a las crisis globales determina la sostenibilidad a largo plazo tanto de las marcas privadas como de las de renombre. **Estos añadidos estratos de complejidad agregan profundidad a la conversación sobre las marcas privadas y de renombre, destacando la necesidad de una visión holística y una estrategia cuidadosamente articulada para navegar con éxito en este sector en continua evolución. Al seguir explorando la competencia entre las marcas privadas y de renombre, es imperativo observar cómo la innovación de productos, la sostenibilidad y la responsabilidad social corporativa afectan la percepción del consumidor y, por ende, el éxito de una marca en el mercado.**

Innovación de Producto: La capacidad de introducir productos innovadores es crucial. Las marcas de renombre a menudo disponen de presupuestos significativos para Investigación y Desarrollo, lo que les permite lanzar productos revolucionarios. Por otro lado, las marcas privadas tienden a ser rápidas en adoptar innovaciones, ofreciendo alternativas a un precio más bajo.

Sostenibilidad Ambiental: El creciente interés de los consumidores en productos sostenibles ha impulsado la atención hacia la sostenibilidad. Tanto las Marcas de Renombre como las Marcas Privadas buscan reducir su impacto ambiental utilizando materiales reciclables, disminuyendo las emisiones de carbono y adoptando prácticas de producción ética.

Responsabilidad Social Corporativa (CSR): La CSR se ha convertido en una parte esencial de la gestión empresarial. Las empresas participan en iniciativas sociales, educativas y medioambientales no solo para mejorar su imagen de marca, sino también para construir relaciones sólidas con la comunidad y los consumidores.

Canales de Comunicación: Con el advenimiento de las redes sociales y el marketing digital, los canales de comunicación se han multiplicado. La presencia en línea, las campañas de marketing de influencers y la gestión de reseñas en línea son estrategias utilizadas tanto por las Marcas Privadas como por las Marcas de Renombre para alcanzar y comprometer a su público.

Estrategias de Posicionamiento: El posicionamiento de un producto o marca en el mercado es fundamental. Mientras las Marcas de

Renombre pueden enfocarse en calidad, exclusividad e innovación, las Marcas Privadas compiten con precios asequibles, ofreciendo una buena relación calidad-precio.

Diferenciación de Producto: La diferenciación es crucial para evitar la comoditización. La introducción de características únicas, diseños distintivos y empaques innovadores son métodos utilizados para distinguirse de la competencia y atraer la atención del consumidor.

Colaboraciones y Alianzas: Tanto las Marcas Privadas como las de Renombre buscan colaboraciones y alianzas estratégicas. Estas pueden incluir asociaciones con diseñadores famosos, alianzas con empresas tecnológicas o iniciativas con organizaciones sin fines de lucro para proyectos de responsabilidad social.

Retroalimentación del Consumidor: Escuchar la retroalimentación de los consumidores es fundamental para adaptar productos y estrategias. La creación de canales de comunicación abiertos y el análisis de reseñas y encuestas permiten a las empresas adaptarse a las necesidades y expectativas del mercado.

La exploración de estos aspectos adicionales ofrece una visión más detallada de las dinámicas y desafíos que caracterizan la relación entre las Marcas

Privadas y las de Renombre, subrayando la complejidad y la variedad de factores que influyen en su éxito en el mercado moderno.

Conclusión: El contraste entre Marcas Privadas y de Renombre representa una dinámica fundamental en el panorama de la gran distribución moderna, donde el equilibrio entre calidad, precio y percepción de valor está constantemente en juego.

La distinción entre estos dos tipos de marcas se ha vuelto cada vez menos marcada, gracias a la capacidad de las Marcas Privadas de elevar sus estándares de calidad y diversificar la oferta, y simultáneamente, a las Marcas de Renombre de adoptar estrategias de precios más agresivas y flexibles. Las estrategias de branding, marketing y posicionamiento se han vuelto centrales para ambas, con el objetivo de establecer una relación duradera con el consumidor y construir una sólida reputación en el mercado.

La innovación de producto sigue siendo un campo de competencia relevante, con las Marcas de Renombre a menudo siendo pioneras en el lanzamiento de nuevos productos y tecnologías, mientras que las Marcas Privadas son rápidas en adaptarse y ofrecer alternativas convenientes. La sostenibilidad y la responsabilidad social se han convertido no solo en un valor agregado, sino en

un requisito esencial, influyendo significativamente en las decisiones de los consumidores y, por ende, en la competencia entre las marcas.
Además, la evolución de los canales de comunicación y la creciente importancia de lo digital han llevado a un renovado enfoque en las estrategias de compromiso del consumidor. La interacción con el cliente, la retroalimentación continua y la presencia en las redes sociales son factores clave para la fidelización y la construcción de una marca fuerte y reconocible.
La diferenciación, a través de la creación de productos únicos, diseños atractivos y empaques innovadores, sigue siendo un pilar de la estrategia de marca, esencial para destacar en un mercado cada vez más saturado y diversificado.
Al mismo tiempo, las colaboraciones y alianzas resultan ser herramientas estratégicas, creando sinergias y oportunidades de crecimiento mutuo.
En resumen, la rivalidad entre las Marcas Privadas y las de Renombre es un síntoma de un mercado en constante cambio, donde la adaptabilidad, la innovación y la construcción de relaciones con los consumidores son esenciales para el éxito a largo plazo. Por lo tanto, comprender las dinámicas, las expectativas de los consumidores y las tendencias del mercado es crucial para navegar con éxito en el complejo y

competitivo mundo de la gran distribución moderna.

9. Estrategias de Precios

Explorando el tema de las estrategias de precios en la gran distribución, nos adentramos en un aspecto central que determina la competitividad de una empresa en el mercado. Estas estrategias influyen directamente en los márgenes de beneficio, la percepción del valor por parte de los consumidores y la posición de mercado de una empresa o producto. Existen diversas metodologías y enfoques según los objetivos empresariales, las características del mercado y el comportamiento del consumidor.

1. **Precios de Penetración:** Implica establecer inicialmente precios bajos para atraer clientes y ganar rápidamente cuota de mercado. Una vez logrado, los precios pueden aumentar.
2. **Precios de Skimming:** Por el contrario, esta estrategia implica fijar precios altos para nuevos

productos para maximizar los beneficios en las primeras ventas, para luego reducir gradualmente los precios con el tiempo.

3. **Precios Psicológicos:** Se aprovecha de la psicología del consumidor fijando precios a niveles que el cliente percibe como más bajos, como por ejemplo, €9,99 en lugar de €10,00.
4. **Precios Dinámicos:** Adaptación de los precios en tiempo real según variables como la demanda, la oferta, el comportamiento del consumidor o las condiciones del mercado.
5. **Precios Promocionales:** Ofrecer descuentos, ofertas y promociones para estimular las ventas, atraer nuevos clientes o liquidar inventario.
6. **Precios Basados en Costos:** El precio se determina agregando un margen de beneficio a los costos totales de producción y distribución del producto.
7. **Precios Basados en el Valor:** Establece el precio basándose en el valor percibido por el consumidor en lugar de los costos de producción.
8. **Precios Competitivos:** Los precios se establecen en relación a los de los competidores, pudiendo igualarlos, subestimarlos o superarlos según los objetivos.
9. **Precios Geográficos:** Considera las diferencias de precio entre diferentes áreas geográficas debido a variaciones en los costos de transporte, impuestos o condiciones del mercado.

10. **Precios de Paquete:** Ofrecer varios productos o servicios juntos a un precio reducido en comparación con la compra por separado.

Estas estrategias se combinan y adaptan según las necesidades específicas del mercado y las dinámicas competitivas. Es fundamental que las empresas comprendan su entorno, analicen constantemente el comportamiento del consumidor y monitoreen las acciones de la competencia para adoptar la estrategia de precios más efectiva. El objetivo es maximizar beneficios, aumentar la cuota de mercado, fortalecer la posición de la marca y construir relaciones duraderas con los clientes.

El mundo de las estrategias de precios es increíblemente complejo y evoluciona constantemente en respuesta a los cambios del mercado, las tendencias de los consumidores y la innovación tecnológica. Por ejemplo, la llegada del comercio electrónico ha introducido nuevas dinámicas y desafíos en la fijación de precios, haciendo el mercado aún más competitivo y transparente. Los consumidores, equipados con herramientas digitales cada vez más avanzadas, pueden comparar precios en tiempo real, leer reseñas y obtener descuentos, lo que modifica sus

expectativas y su comportamiento de compra.

Otro aspecto fundamental a considerar es el impacto de las reseñas en línea y de las redes sociales en la percepción del valor. La reputación de un producto o de una marca puede influir significativamente en la disposición del consumidor a pagar un precio determinado. Por ende, las empresas están llamadas a gestionar cuidadosamente su imagen en línea, interactuar con los consumidores, escuchar comentarios y resolver problemas si los hubiera.

La personalización de los precios representa una tendencia emergente, donde el análisis de los datos de los consumidores permite a las empresas ofrecer precios diferenciados según las preferencias, el comportamiento de compra y la sensibilidad al precio de cada cliente. Este enfoque puede contribuir a optimizar los márgenes de beneficio, pero también plantea cuestiones éticas y de privacidad que deben ser gestionadas con cautela.

Además, el creciente enfoque en la sostenibilidad está influenciando las estrategias de precios. Los consumidores son cada vez más conscientes del impacto ambiental y social de los productos que compran, y están dispuestos a pagar un premio por bienes producidos de manera ética y sostenible. En consecuencia, las empresas están explorando modelos de precios que reflejen estos valores y están comunicando de manera proactiva los esfuerzos realizados en términos de sostenibilidad.

Otro elemento a explorar es la importancia de la transparencia en los precios. Los consumidores desean comprender la composición del precio final y qué factores contribuyen al costo del producto. Una mayor transparencia puede mejorar la confianza del cliente y fortalecer la relación con la marca.

Finalmente, es esencial destacar que la estrategia de precios no es estática, sino dinámica y adaptable. Las empresas deben monitorear constantemente el desempeño de ventas, analizar las reacciones de los consumidores y estar preparadas para modificar la estrategia de precios en respuesta a nuevas oportunidades o desafíos del mercado. La capacidad de adaptarse e innovar es fundamental en un entorno de negocios cada vez más complejo y en constante evolución.

En el contexto de la gran distribución, las estrategias de precios se entrelazan con las dinámicas de competencia y las características particulares del mercado. Es crucial explorar cómo las estrategias de precios pueden usarse

para aumentar la cuota de mercado, atraer nuevos clientes y fidelizar a la clientela existente. Una práctica común es la de los precios psicológicos, es decir, establecer precios que terminan en .99 o .95. Esta técnica se basa en la percepción del consumidor y en la idea de que un precio de €9.99 es significativamente más bajo que €10.00, aunque la diferencia real sea mínima. Esta estrategia puede influir positivamente en la percepción del valor y aumentar las ventas.
La promoción de las ventas a través de descuentos, ofertas especiales y programas de fidelidad es otro mecanismo clave en el contexto de la gran distribución. Estas herramientas permiten estimular la demanda y aumentar el volumen de ventas, aunque pueden erosionar los márgenes de beneficio. La gestión efectiva de las promociones requiere un análisis cuidadoso del comportamiento del consumidor y de la elasticidad de la demanda.

También el concepto de valor percibido juega un papel crucial en las estrategias de precios. Las empresas buscan posicionar sus productos de tal manera que el consumidor perciba una relación calidad-precio óptima. El objetivo es crear un equilibrio entre el valor percibido por el

consumidor y el precio real del producto, influenciando así la propensión a la compra.
El dynamic pricing, es decir, la capacidad de cambiar los precios en tiempo real basándose en variables como la demanda, la oferta y las condiciones del mercado, es otra estrategia en crecimiento, particularmente relevante en el comercio electrónico. Esta práctica permite maximizar los beneficios y responder con flexibilidad a las fluctuaciones del mercado.
El análisis competitivo de precios también es fundamental. Las empresas monitorean constantemente los precios de la competencia y adaptan su estrategia de precios según el posicionamiento deseado en el mercado. Esto puede incluir la adopción de estrategias de penetración, con precios inicialmente bajos para adquirir cuota de mercado, o de premium pricing, para posicionar el producto como de alta calidad.
Además, es crucial considerar el impacto de las estrategias de precios en la marca y en la imagen empresarial. Un posicionamiento de precio coherente con la identidad de la marca contribuye a fortalecer la percepción del valor y a construir un vínculo duradero con el consumidor.
Por último, en una era de creciente digitalización y globalización, es esencial explorar cómo las

estrategias de precios pueden adaptarse a diferentes mercados y segmentos de clientes, teniendo en cuenta las diferencias culturales, las regulaciones locales y las expectativas de los consumidores.

En el contexto de las estrategias de precios en la gran distribución, también es fundamental examinar el impacto de las tecnologías digitales y los big data. El acceso a enormes cantidades de datos sobre los consumidores permite a las empresas perfeccionar sus estrategias de precios, segmentar la oferta y personalizar los precios de maneras que antes eran imposibles. Por ejemplo, la tecnología permite analizar el comportamiento de compra y las preferencias de los consumidores, lo que permite ofrecer promociones y descuentos específicos y optimizar los precios para diferentes segmentos de clientes.

Otro aspecto relevante es la transparencia de precios. Con la llegada de Internet y las plataformas de comparación de precios, los consumidores son cada vez más capaces de comparar los precios de los productos entre diferentes minoristas. Esta transparencia obliga a las empresas a ser cada vez más competitivas y a encontrar un equilibrio entre precios atractivos y márgenes de beneficio sostenibles.

Las estrategias de pricing dinámico y de yield management son particularmente relevantes en este contexto. Estas estrategias permiten variar los precios en tiempo real, en respuesta a variaciones en la demanda y la oferta, optimizando así los ingresos. Por ejemplo, los precios pueden aumentarse durante períodos de alta demanda o reducirse para deshacerse del inventario.
Además, es importante considerar la importancia de la coherencia de precios a través de los diferentes canales de distribución. Las empresas operan en un entorno omnicanal, donde los consumidores compran productos tanto en línea como fuera de línea. Mantener coherencia en los precios entre los diferentes canales es fundamental para evitar la confusión y la insatisfacción entre los clientes, y para mantener una imagen de marca sólida y coherente.
La sostenibilidad es otro tema central en las estrategias de precios contemporáneas. Los consumidores son cada vez más conscientes de las cuestiones ambientales y sociales, y están dispuestos a pagar un premio por productos sostenibles. Por lo tanto, las empresas pueden adoptar estrategias de precios que reflejen estas preferencias, posicionando los productos sostenibles a un precio premium y comunicando eficazmente los beneficios ambientales y sociales.

Las consideraciones psicológicas también influyen en el comportamiento de compra y, por ende, en las estrategias de precios. Las técnicas de neuromarketing, por ejemplo, estudian las reacciones de los consumidores a diferentes estímulos, incluidos los precios, para comprender los factores que influyen en las decisiones de compra y para desarrollar estrategias de precios más efectivas.
No hay que olvidar el impacto de las regulaciones y las políticas fiscales en las estrategias de precios. Las empresas deben navegar en un entorno normativo complejo y en constante evolución, donde factores como los impuestos, los aranceles y las regulaciones de competencia pueden influir significativamente en los precios de los productos y en los márgenes de beneficio.
En conclusión, la definición de las estrategias de precios en la gran distribución es un proceso complejo y multifactorial, que requiere un cuidadoso equilibrio entre factores internos y externos y una continua adaptabilidad a las dinámicas del mercado.

Las estrategias de precios deben considerar las particularidades de los diferentes mercados geográficos. Factores como el poder adquisitivo, la competencia local y las preferencias de los consumidores varían significativamente de una

región a otra, lo que requiere un enfoque diferenciado y localizado. Las empresas de la gran distribución, especialmente aquellas con presencia internacional, deben desarrollar estrategias de precios flexibles y adaptables a las diversas realidades del mercado.
El papel de los competidores es crucial en la definición de las estrategias de precios. La presencia de rivales que practican precios agresivos puede obligar a las empresas a reducir los márgenes para mantener la competitividad, mientras que un entorno con menor competencia puede ofrecer mayores oportunidades de diferenciación a través del precio. El análisis de la competencia y el monitoreo de los precios de los competidores son actividades centrales en la definición de las estrategias de precios.
El crecimiento del comercio electrónico ha introducido desafíos y oportunidades adicionales en términos de estrategias de precios. El comercio en línea permite una mayor personalización de los precios, gracias a la recopilación y análisis de datos de los usuarios. Sin embargo, también implica una mayor comparación de precios por parte de los consumidores y la necesidad de integrar las estrategias de precios en línea y fuera de línea.
La palanca psicológica del precio también es un elemento de gran importancia. Las estrategias de

precios pueden aprovechar diferentes mecanismos psicológicos, como el precio de encanto (precios que terminan en .99), para influir en la percepción del valor y estimular la compra. La comprensión de la psicología del consumidor y la aplicación de técnicas de precios psicológicos pueden contribuir significativamente al éxito de las estrategias de precios.

La innovación en los métodos de pago es otro factor que afecta las estrategias de precios. La adopción de nuevos sistemas de pago, como las criptomonedas o los pagos sin contacto, puede tener implicaciones en las dinámicas de precios y en las expectativas de los consumidores. Por lo tanto, las empresas deben seguir de cerca las tendencias en el campo de los pagos y ajustar sus estrategias de precios en consecuencia.

La gestión de costos es fundamental para la definición de las estrategias de precios. Las empresas deben monitorear y optimizar constantemente los costos de producción, distribución y marketing para mantener márgenes saludables y ofrecer precios competitivos. La eficiencia operativa y la reducción de costos pueden permitir a las empresas ofrecer precios más bajos sin socavar la rentabilidad.

Por último, la importancia de la ética y la responsabilidad social en las estrategias de precios no puede ser subestimada. Las empresas son cada vez más llamadas a responder a las demandas de sostenibilidad y equidad, y las estrategias de precios deben reflejar estos valores. El pricing ético y responsable puede contribuir a construir una reputación positiva y crear valor a largo plazo para la empresa.

En conclusión, el arte de las estrategias de precios en la gran distribución es una práctica multidimensional que requiere un enfoque holístico y bien ponderado. La habilidad para equilibrar los costos, responder a las expectativas de los consumidores, monitorear y reaccionar a la competencia, e integrar eficazmente los canales en línea y fuera de línea son elementos clave para formular estrategias de precios exitosas.
Las estrategias de precios no son estáticas, sino dinámicas y en constante evolución. Las empresas deben adaptarse rápidamente a los cambios en el mercado, a las fluctuaciones en los costos de las materias primas, a las nuevas tecnologías y a los comportamientos cambiantes de los consumidores. El uso de análisis avanzados de datos y herramientas de inteligencia de mercado es fundamental para

prever las tendencias y optimizar las estrategias de precios en tiempo real.

Además, es esencial que las empresas de la gran distribución consideren el aspecto ético y sostenible de sus estrategias de precios. Prácticas de precio justo, transparencia y responsabilidad social no solo contribuyen a construir una imagen de marca positiva, sino que también son cada vez más demandadas por consumidores conscientes e informados. La adopción de un enfoque ético en el pricing puede resultar en una ventaja competitiva y un valor agregado para la empresa.

En este escenario, la personalización de las estrategias de precios es especialmente importante. El uso de big data y análisis de comportamiento permite comprender a fondo las necesidades y expectativas de los consumidores, lo que permite a las empresas ofrecer precios a medida y promociones dirigidas. Este enfoque al pricing puede aumentar significativamente la satisfacción del cliente y la lealtad a la marca, contribuyendo al crecimiento y la rentabilidad de la empresa.

Finalmente, es indispensable que las estrategias de precios estén alineadas con los objetivos a largo plazo de la empresa y sean parte integral de una estrategia global de marketing y posicionamiento. El precio es uno de los

elementos clave del mix de marketing y tiene un impacto directo en la percepción del valor por parte de los consumidores. Por lo tanto, una estrategia de precios bien formulada y coherente es fundamental para el éxito y la sostenibilidad de una empresa en la competitiva arena de la gran distribución.
Todo esto subraya la importancia de un análisis profundo, una monitorización constante del mercado y una actualización continua de habilidades y conocimientos para desarrollar e implementar estrategias de precios efectivas en el dinámico mundo de la gran distribución moderna.

10. Marketing y Publicidad

El marketing y la publicidad en el sector de la gran distribución representan pilares fundamentales para el éxito de las empresas. Estos elementos se utilizan para crear conciencia de marca, generar tráfico en los puntos de venta físicos y en línea, e incentivar la compra por parte de los consumidores.

1. Estrategias de Marketing Diferenciadas: Las empresas de gran distribución adoptan estrategias de marketing diferenciadas para llegar a segmentos de clientes diversos. El uso de técnicas como el marketing sensorial, el visual merchandising y el marketing experiencial contribuyen a crear una experiencia única para el consumidor.

2. Marketing Omnicanal: La integración entre canales físicos y digitales es esencial. Las empresas utilizan plataformas en línea, aplicaciones, redes sociales y tiendas físicas para ofrecer una experiencia al cliente homogénea e integrada, potenciando la visibilidad y accesibilidad de los productos.

3. Personalización de Ofertas: El análisis de los datos de los clientes permite personalizar las ofertas y promociones. La segmentación del mercado y el uso de algoritmos avanzados permiten ofrecer productos y descuentos a medida para los diferentes tipos de consumidores.

4. Publicidad Creativa e Innovadora: La creación de campañas publicitarias originales y atractivas es fundamental para llamar la atención de los consumidores. El uso de influencers, storytelling y contenidos multimedia interactivos son técnicas cada vez más comunes.

5. Sostenibilidad y Responsabilidad Social: La promoción de prácticas sostenibles y responsables se ha convertido en un elemento clave en el marketing. Las empresas resaltan sus esfuerzos en términos de sostenibilidad ambiental, ética laboral y contribución social para construir una imagen positiva y atraer a consumidores conscientes.

6. Programas de Fidelización: Las empresas de gran distribución desarrollan programas de fidelización ofreciendo beneficios, descuentos exclusivos y premios para fomentar la fidelización de los clientes y estimular compras repetidas.

7. Eventos y Patrocinios: La organización de eventos y la participación en patrocinios aumentan la visibilidad de la marca y crean oportunidades de interacción directa con los consumidores, fortaleciendo la relación con la clientela.

8. Análisis e Investigación de Mercado: Realizar investigaciones de mercado y analizar los datos de ventas es esencial para comprender las tendencias, las necesidades de los consumidores y la efectividad de las campañas de marketing y publicidad.

9. SEO y SEM: Las estrategias de optimización para motores de búsqueda (SEO) y marketing en motores de búsqueda (SEM) son cruciales para aumentar la visibilidad en línea y atraer tráfico cualificado a los sitios de comercio electrónico.

10. Relaciones Públicas y Gestión de la Reputación: La gestión de las relaciones públicas y el cuidado de la reputación online y offline son fundamentales para mantener una imagen corporativa positiva y gestionar posibles crisis de comunicación.

En resumen, el marketing y la publicidad en la gran distribución son herramientas indispensables que, utilizadas de manera estratégica e innovadora, pueden contribuir significativamente al éxito de una empresa en el actual panorama competitivo. La adaptación a las nuevas tendencias, la atención a las necesidades de los consumidores y la adopción de prácticas éticas y sostenibles son aspectos clave para construir relaciones duraderas con la clientela y consolidar la posición de mercado de la empresa.

En el sector de la gran distribución, el continuo refinamiento de las estrategias de marketing y publicidad es esencial para mantener la competitividad. Las dinámicas del mercado evolucionan rápidamente, y las empresas deben mantenerse actualizadas sobre una serie de temas relevantes:

11. Marketing Digital: El marketing digital desempeña un papel crucial en atraer clientes en línea. Estrategias como el marketing de contenidos, el correo electrónico y la reorientación publicitaria ayudan a mantener a los clientes involucrados y a convertir el interés en compras.

12. Big Data y Analítica: La implementación de tecnologías de big data y analítica permite analizar comportamientos y preferencias de los consumidores, optimizando la segmentación del mercado y mejorando la efectividad de las campañas publicitarias.

13. Colaboraciones y Asociaciones: Formar alianzas estratégicas y asociarse con otras marcas puede ampliar el alcance y el impacto de las campañas de marketing, ofreciendo beneficios mutuos y acceso a nuevos segmentos de mercado.

14. Experiencia del Usuario (UX) y Diseño: Una excelente experiencia del usuario en los puntos de venta en línea y físicos es fundamental. El diseño intuitivo y atractivo de sitios web, aplicaciones y distribución en tiendas físicas puede mejorar la satisfacción del cliente e incrementar las ventas.

15. Innovación de Producto: Promover nuevos productos innovadores y adaptar la gama a los cambios en las preferencias de los consumidores son tácticas esenciales para mantener el interés y estimular la demanda.

16. Gestión de Relaciones con el Cliente (CRM): La adopción de sistemas avanzados de CRM permite gestionar y analizar las interacciones con los clientes, mejorando la relación con ellos y aumentando la retención.

17. Marketing en Redes Sociales: La presencia activa en redes sociales es vital. La creación de contenido atractivo, la interacción con el público y la escucha de las conversaciones en línea pueden fortalecer la marca y mejorar la reputación.

18. Marketing de Guerrilla: El uso de técnicas de marketing de guerrilla, no convencionales y de bajo costo, puede generar ruido y visibilidad, sorprendiendo al público y haciendo que la marca sea memorable.

19. Marketing de Influencers: Colaborar con influencers y figuras conocidas puede aumentar la credibilidad y visibilidad de la marca, llegando a segmentos demográficos específicos y generando engagement.

20. Respuesta al Cambio de Comportamiento del Consumidor: Monitorear y adaptarse a los cambios en el comportamiento de compra y expectativas de los consumidores es crucial. Escuchar al cliente y la flexibilidad en las estrategias son esenciales para satisfacer las necesidades en constante evolución.

A través de la implementación y la actualización constante de estas estrategias y técnicas, las empresas de la gran distribución pueden mantener su relevancia en el mercado, atraer nuevos clientes y fidelizar a los existentes, al mismo tiempo que se adaptan a las tendencias emergentes y a los nuevos desafíos competitivos. La clave del éxito radica en la capacidad de innovar y personalizar el enfoque de marketing y publicidad en respuesta a las dinámicas del mercado y a las preferencias de los consumidores.

Las estrategias de marketing y publicidad en la gran distribución son multifacéticas y están en constante evolución. Además de los puntos discutidos, hay varios otros aspectos que las empresas consideran para mantenerse competitivas y llegar a su público:

21. Sostenibilidad y Responsabilidad Social: El creciente enfoque en la sostenibilidad y la responsabilidad social está influenciando las elecciones de los consumidores. Las empresas están adoptando prácticas ecológicas y éticas, comunicando estos valores a través de campañas de marketing focalizadas.

22. Programas de Fidelización: Desarrollar y gestionar programas de fidelización efectivos es fundamental para incentivar a los clientes a volver. Puntos, descuentos y premios personalizados ayudan a crear una relación de lealtad entre la marca y el consumidor.

23. Eventos y Patrocinios: Participar en eventos del sector o patrocinar iniciativas locales puede aumentar la visibilidad de la marca y crear conexiones positivas con la comunidad y potenciales clientes.

24. Tecnologías de Realidad Aumentada: El uso de tecnologías de realidad aumentada en el marketing ofrece una experiencia de compra inmersiva, permitiendo a los clientes probar virtualmente los productos antes de comprarlos.

25. Personalización: La personalización de ofertas y comunicaciones a través del análisis de datos de los clientes es fundamental para aumentar la relevancia y la efectividad de las campañas publicitarias.

26. Marketing Omnicanal: Integrar la experiencia de compra entre canales en línea y fuera de línea es vital. Una experiencia fluida entre sitios web, aplicaciones móviles y tiendas físicas puede aumentar la satisfacción del cliente.

27. SEO y SEM: Optimizar la presencia en línea a través de técnicas de Optimización para Motores de Búsqueda (SEO) y Marketing en Motores de Búsqueda (SEM) es crucial para mejorar la visibilidad en motores de búsqueda y atraer tráfico calificado.

28. Gestión de Reseñas: Monitorear y responder a las reseñas en línea puede mejorar la reputación de la marca, resolver problemas y demostrar un compromiso con la satisfacción del cliente.
29. Storytelling: Crear y compartir historias atractivas sobre la marca, los productos o la misión de la empresa puede crear un vínculo emocional con los consumidores y reforzar la imagen de la marca.
30. Marketing de Video: Desarrollar contenido de video creativo e informativo puede mejorar el engagement, aumentar la conciencia de la marca y fomentar el intercambio en los canales sociales.

Explorando y experimentando con estos enfoques, las empresas de la gran distribución pueden descubrir nuevas oportunidades de conexión con el público, adaptarse a las necesidades de los consumidores y mantenerse a la vanguardia en un mercado en constante evolución. La combinación de estrategias tradicionales e innovadoras puede conducir a un mix de marketing efectivo, que responde a los desafíos del panorama comercial contemporáneo.

Conclusión sobre Marketing y Publicidad en la Gran Distribución

En conclusión, el marketing y la publicidad en la gran distribución moderna son herramientas indispensables para adquirir y retener clientes, aumentar las ventas y fortalecer la presencia de la marca en el mercado. La evolución continua de los gustos de los consumidores, la llegada de nuevas tecnologías y la creciente competencia hacen que la adopción de estrategias innovadoras y diversificadas sea esencial. La sostenibilidad y la responsabilidad social, por ejemplo, ya no son opcionales, sino elementos clave para construir una imagen positiva de la marca y responder a las expectativas de los consumidores modernos. La personalización de las ofertas, a través de un análisis detallado de los datos de los clientes, permite la creación de campañas publicitarias dirigidas, aumentando así la eficacia y el retorno de la inversión. Las tecnologías, como la realidad aumentada y las plataformas en línea, ofrecen nuevas oportunidades de interacción con el cliente y de ventas, integrando y potenciando la experiencia de compra tradicional. El enfoque omnicanal es fundamental en este contexto para garantizar una transición fluida entre el mundo en línea y el mundo offline. Además, estrategias como el video marketing y el storytelling permiten crear un vínculo emocional con los consumidores, mejorando el engagement y la fidelidad a la marca. La gestión activa de las reseñas y la participación en eventos y patrocinios contribuyen a consolidar la reputación y la visibilidad de la empresa. La eficacia de las estrategias de marketing y publicidad en la gran distribución depende de la capacidad para combinar elementos tradicionales e innovadores, adaptarse rápidamente a los cambios del mercado y anticipar las necesidades de los consumidores. La profunda comprensión del público objetivo, la adopción de tecnologías avanzadas y la promoción de principios éticos y sostenibles son los pilares sobre los que construir campañas exitosas en el panorama de la gran distribución moderna.

11. Fidelización del Cliente (Programas de Fidelidad, Tarjetas de Puntos, etc.)

El concepto de fidelización del cliente en el ámbito de la gran distribución es un componente crucial. Los programas de fidelización, las tarjetas de puntos, los descuentos exclusivos y otras iniciativas promocionales son herramientas clave para incentivar a los clientes a regresar y preferir una cadena o punto de venta específico en lugar de los competidores. Los programas de fidelización, en particular, están diseñados para ofrecer beneficios a los clientes habituales, acumulando puntos o recibiendo descuentos y ofertas exclusivas. Estos programas a menudo se personalizan según los datos demográficos y los comportamientos de compra de los clientes, permitiendo ofrecer premios y beneficios a medida. Las tarjetas de puntos son una herramienta común que permite a los clientes acumular puntos por cada compra realizada, los cuales pueden ser convertidos en descuentos, vales de compra o premios. Este tipo de sistema no solo fomenta la fidelización, sino también el aumento del gasto promedio por cliente. La implementación de aplicaciones y plataformas digitales ha ampliado aún más las posibilidades en el ámbito de la fidelización. A través de las aplicaciones, los clientes pueden acceder a ofertas personalizadas, participar en juegos y concursos, recibir notificaciones de descuentos exclusivos y mucho más, todo dirigido a fortalecer el vínculo entre cliente y punto de venta. Además, los comentarios de los clientes recopilados a través de estos canales pueden ser utilizados para mejorar aún más la oferta y el servicio, contribuyendo a crear un ciclo virtuoso de mejora continua y fortalecimiento de la fidelidad del cliente. También es importante subrayar la importancia de la Experiencia del Cliente en el proceso de fidelización. Una experiencia de compra positiva, que incluya un excelente servicio al cliente, una navegación fácil en la tienda o en línea, y la disponibilidad de productos de calidad, puede influir significativamente en la percepción del cliente y su propensión a regresar. El rol de la Responsabilidad Social Empresarial (RSE) es otro aspecto a considerar. Las iniciativas ecológicas, éticas y sociales pueden contribuir a crear una imagen positiva de la marca, influir en la elección de los consumidores y contribuir a su fidelización. En resumen, la fidelización del cliente en la gran distribución moderna es un proceso multifacético que requiere la integración de estrategias clásicas e innovadoras, con el objetivo de crear un vínculo duradero y beneficioso entre el cliente y la empresa.

La tecnología juega un papel cada vez más significativo en el proceso de fidelización del cliente. La inteligencia artificial y el análisis de datos se utilizan para identificar y comprender mejor los comportamientos de los clientes, permitiendo a las empresas personalizar las ofertas y comunicarse de manera más efectiva. Este enfoque basado en datos permite anticipar las necesidades de los clientes y proponer soluciones acordes con sus expectativas.

Las estrategias omnicanal se han vuelto fundamentales en la gran distribución moderna.

El objetivo es ofrecer una experiencia de compra fluida e integrada en todos los canales, tanto en línea como fuera de línea. La coherencia entre los diferentes canales es esencial para mantener la confianza y la lealtad del cliente, quien espera recibir el mismo nivel de servicio y calidad independientemente del punto de contacto con la marca.

Otra estrategia importante en la fidelización del cliente es la creación de comunidades y la interacción en las redes sociales. Las plataformas sociales ofrecen la oportunidad de construir relaciones más estrechas con los clientes, fomentar la participación y el intercambio, y crear un sentido de pertenencia a la marca. Los contenidos generados por los usuarios, como reseñas y testimonios, pueden contribuir a fortalecer la reputación de la empresa y establecer una relación de confianza con los clientes.

El branding personal y la formación del personal de ventas son igualmente cruciales. Un personal competente, amable y servicial puede mejorar significativamente la experiencia de compra y aumentar la probabilidad de que los clientes regresen. La formación continua del personal y la inversión en recursos humanos son aspectos esenciales para la fidelización del cliente.

La importancia de la personalización de la oferta no puede subestimarse. Las soluciones de personalización, respaldadas por la inteligencia artificial y el análisis de datos, permiten crear promociones personalizadas, recomendaciones de productos y comunicaciones individualizadas. Este enfoque centrado en el cliente contribuye a mejorar la satisfacción y la retención.

Finalmente, la integración de programas de responsabilidad social y ambiental en las estrategias de fidelización puede contribuir a cumplir con las crecientes expectativas de los consumidores en términos de sostenibilidad y ética empresarial. El compromiso con iniciativas ecológicas y sociales puede ser un factor diferenciador y aportar valor agregado a la marca.

En conclusión, para lograr el éxito en la fidelización del cliente, es indispensable adoptar un enfoque holístico e integrado, que combine innovación tecnológica, estrategias de marketing personalizadas, excelencia en el servicio y responsabilidad social.

En la gran distribución moderna, el concepto de fidelización del cliente está evolucionando constantemente, y las empresas deben renovar sus estrategias para mantener el interés y la lealtad de los consumidores. La introducción de tecnologías de realidad aumentada y virtual ofrece nuevas posibilidades para mejorar la experiencia de compra, haciéndola más atractiva e interactiva. Por ejemplo, algunas aplicaciones permiten a los clientes visualizar virtualmente los productos en su hogar antes de la compra, proporcionando un valor añadido y una razón adicional para preferir a un determinado minorista.

Las asociaciones con otras marcas y empresas también pueden ser una forma efectiva de aumentar la fidelización del cliente. Al colaborar con marcas complementarias, los minoristas pueden ofrecer ofertas y promociones cruzadas, ampliando la variedad de beneficios disponibles para los clientes fieles e incentivándolos a continuar comprando.

En el contexto de la gran distribución, las dinámicas de gamificación están ganando terreno como herramienta de fidelización. La idea es incorporar elementos lúdicos en las estrategias de marketing, como concursos, premios y desafíos, para estimular el compromiso de los clientes y animarlos a interactuar con la marca de manera más frecuente y profunda.

La transparencia y la honestidad en la comunicación son fundamentales para construir una relación de confianza entre el cliente y la empresa. La información clara sobre el origen, composición y modo de producción de los productos puede marcar la diferencia en la percepción del consumidor, contribuyendo a la creación de una imagen positiva de la marca.

Las empresas también están reconociendo la importancia de la velocidad y la conveniencia en el proceso de compra. Las inversiones en sistemas de pago rápidos y seguros, servicios de entrega eficientes y opciones de devolución flexibles son esenciales para satisfacer las necesidades de los clientes modernos y mantener su lealtad.

La recopilación y el análisis de los comentarios de los clientes son otro aspecto crucial en la fidelización. Escuchar las opiniones y necesidades de los consumidores permite realizar mejoras dirigidas y demostrar que la empresa está realmente interesada en satisfacer las expectativas de su clientela.

Además, el valor de la humanidad y la empatía en el servicio al cliente no puede ser pasado por alto. Un enfoque humano y personalizado en el servicio al cliente, que vaya más allá de la automatización, puede generar un sentido de aprecio y conexión emocional, fundamentales para la fidelización a largo plazo.

Además de lo ya discutido, el concepto de Responsabilidad Social Corporativa (RSC) desempeña un papel significativo en la fidelización del cliente. Los consumidores modernos son cada vez más conscientes del impacto ambiental y social de las empresas de las cuales compran. Iniciativas ecológicas, embalajes sostenibles, condiciones laborales éticas y donaciones a organizaciones benéficas pueden mejorar la percepción positiva de la marca e influir en las decisiones de compra.

La personalización de la oferta es otro elemento clave. Las tecnologías de análisis de datos y aprendizaje automático permiten recopilar y analizar los datos de compra y las preferencias de los clientes, lo que permite crear ofertas y promociones a medida que responden a las necesidades específicas de cada individuo. Esta atención a la personalización puede traducirse en una mayor satisfacción y, en consecuencia, en una mayor fidelización.

Las comunidades en línea y las redes sociales son herramientas fundamentales para crear y mantener la relación con los clientes. A través de plataformas como Facebook, Instagram y Twitter, las empresas pueden interactuar directamente con sus clientes, responder a comentarios, compartir contenido interesante y comenzar discusiones. Esta interacción directa y auténtica contribuye a construir un sentido de pertenencia y a fortalecer el vínculo con la marca.

La capacitación y la actualización continua del personal de ventas y de atención al cliente son fundamentales para ofrecer un servicio de calidad y transmitir competencia y confiabilidad. Un personal bien capacitado y cortés puede marcar la diferencia en la experiencia de compra y contribuir a construir una reputación positiva.

La facilidad de acceso a información detallada y transparente sobre productos y servicios es otro factor que contribuye a la fidelización. Un sitio web bien organizado, con una sección de preguntas frecuentes completa y la posibilidad de contactar fácilmente con el servicio al cliente, puede aumentar la confianza de los consumidores en la marca.

Por último, es importante no subestimar la importancia de la consistencia en cada punto de contacto con el cliente. Desde la experiencia en la tienda hasta la navegación en línea, desde la atención al cliente hasta la comunicación en redes sociales, es fundamental mantener un nivel de servicio elevado y coherente para construir y mantener la confianza y la lealtad del cliente.

En resumen, la fidelización del cliente en la gran distribución moderna es un proceso multifacético que integra diversos elementos y estrategias, desde la personalización de la oferta hasta el uso de los medios sociales, pasando por la responsabilidad social corporativa.

Un factor clave es la capacidad de establecer y nutrir una relación continua y significativa con el cliente. A través de programas de fidelidad, tarjetas de puntos y otras iniciativas personalizadas, las empresas pueden crear un vínculo directo y duradero con los consumidores, que va más allá de la mera transacción comercial. Este vínculo se fortalece aún más cuando las empresas demuestran un compromiso ético y social, respondiendo a las crecientes expectativas de los consumidores en términos de sostenibilidad y responsabilidad.

La tecnología y la innovación digital juegan un papel cada vez más relevante en este ámbito. El análisis de datos y el aprendizaje automático permiten comprender en profundidad las necesidades y preferencias de los clientes, ofreciéndoles productos y servicios cada vez más a medida. Al mismo tiempo, las plataformas en línea y las redes sociales ofrecen nuevos espacios de interacción y diálogo, enriqueciendo la experiencia del cliente y contribuyendo a construir una comunidad activa y comprometida.

El papel del personal, la capacitación continua y la excelencia en el servicio al cliente son igualmente cruciales. Un servicio cortés, competente y confiable puede influir significativamente en la percepción de la marca y la satisfacción del cliente, sentando las bases para una relación a largo plazo.

Por último, la transparencia y accesibilidad de la información, la coherencia en cada punto de contacto y la capacidad de ofrecer una experiencia homogénea y de calidad, tanto en línea como fuera de línea, son elementos fundamentales para ganar y mantener la confianza de los clientes.

En definitiva, la fidelización del cliente es un elemento estratégico esencial para la gran distribución moderna, que requiere un enfoque holístico y la integración de diversas habilidades y recursos, desde la tecnología hasta la ética, desde la comunicación hasta la formación, con el fin de crear valor y asegurar el éxito a largo plazo en un mercado cada vez más competitivo y dinámico de la distribución minorista.

12. Análisis del Comportamiento del Consumidor

El análisis del comportamiento del consumidor es un elemento fundamental en el campo de la gran distribución moderna, enfocándose en cómo los individuos toman decisiones relacionadas con la adquisición de bienes y servicios. Este análisis es vital para las empresas que desean comprender y prever las necesidades y preferencias de sus clientes, con el fin de ofrecer productos y servicios más enfocados y atractivos.

1. **Metodologías de Investigación:** El análisis del comportamiento del consumidor emplea diversas metodologías de investigación, como encuestas, entrevistas, observación directa y análisis de transacciones históricas. El análisis de grandes volúmenes de datos (Big Data Analysis) y la tecnología de aprendizaje automático son herramientas cada vez más utilizadas para recopilar e interpretar datos relativos al comportamiento de compra.
2. **Factores Psicológicos:** Factores como la motivación, percepción, aprendizaje y actitud influyen significativamente en las decisiones de compra de los consumidores. Por ejemplo, la publicidad y el marketing tienen como objetivo influir en la actitud del consumidor hacia un producto o servicio, lo que a su vez puede afectar la decisión de compra.
3. **Factores Sociales y Culturales:** La cultura, la clase social, los grupos de referencia y la familia también influyen en el comportamiento de compra. Por ejemplo, los hábitos alimenticios de una persona pueden verse fuertemente influenciados por la cultura en la que se ha criado.
4. **Factores Económicos:** Los ingresos, los precios y la situación económica general son

factores determinantes en el comportamiento de compra. Por ejemplo, durante un período de recesión económica, los consumidores podrían estar más inclinados a buscar productos de bajo costo.

5. **Factores Personales:** La edad, la profesión, la personalidad y el estilo de vida son factores que pueden influir en las elecciones de compra. Por ejemplo, una persona que trabaja en un campo creativo puede ser más propensa a comprar ropa de moda y diseño.
6. **Proceso de Toma de Decisiones:** Comprender las etapas del proceso de toma de decisiones del consumidor, desde la conciencia de la necesidad hasta la investigación de información, la evaluación de alternativas, la decisión de compra y, finalmente, el comportamiento posterior a la compra, es fundamental para las empresas que desean influir efectivamente en este proceso a su favor.
7. **Tecnología y Comportamiento Online:** La llegada de Internet y las tecnologías digitales han influenciado significativamente el comportamiento del consumidor. El análisis de búsquedas en línea, clics, reseñas y redes sociales proporciona información valiosa sobre las preferencias y las intenciones de compra de los consumidores.

8. **Sostenibilidad y Ética:** El creciente conocimiento de temas ambientales y sociales ha llevado a un aumento en la demanda de productos sostenibles y éticos. Las empresas deben tener en cuenta estos valores al desarrollar productos y estrategias de marketing.
9. **Personalización y Adaptación:** La expectativa de productos y servicios personalizados está en aumento. El análisis del comportamiento del consumidor puede ayudar a las empresas a personalizar sus ofertas para satisfacer las necesidades específicas de los clientes, mejorando así la satisfacción y la fidelidad del cliente.
10. **Influencia de las Emociones:** Las emociones juegan un papel crucial en las decisiones de compra. Las empresas utilizan técnicas de marketing emocional para crear conexiones emocionales con los consumidores e influir en sus elecciones.

En conclusión, el análisis del comportamiento del consumidor es un campo multidisciplinario que integra psicología, sociología, economía y otras disciplinas para comprender en profundidad las motivaciones, deseos y necesidades de los consumidores. Esta comprensión permite a las empresas desarrollar estrategias más efectivas, personalizar los productos y servicios, y construir relaciones a

largo plazo con los clientes, en un contexto de mercado en constante evolución y cada vez más competitivo.
Al analizar más a fondo el comportamiento del consumidor, es evidente el impacto de la era digital y las plataformas sociales en los procesos de toma de decisiones de compra. Las reseñas en línea, los comentarios en redes sociales y las influencias de bloggers y personas influyentes tienen un papel cada vez más importante en las decisiones de los consumidores. La reputación en línea de un producto o servicio puede determinar su éxito o fracaso, lo que hace que el monitoreo y la gestión de la reputación en línea sean actividades esenciales para las empresas.

En el ámbito del comportamiento en línea, el análisis de datos conductuales se vuelve crucial. El uso de cookies y otras tecnologías de seguimiento permite a las empresas recopilar datos detallados sobre los hábitos de navegación de los consumidores, lo que facilita la creación de perfiles detallados y la personalización de ofertas basadas en comportamientos pasados y preferencias expresadas.

Además, la evolución de las tecnologías ha permitido el desarrollo de técnicas de neuromarketing, que analizan las respuestas del cerebro a mensajes publicitarios y productos. Este enfoque permite sondear las reacciones inconscientes de los consumidores, ofreciendo ideas valiosas sobre cómo optimizar los mensajes publicitarios para maximizar el impacto emocional y persuasivo.

Otro aspecto notable es la importancia de la conveniencia y la usabilidad en el proceso de compra. El consumidor moderno tiende a favorecer soluciones que ahorran tiempo y esfuerzo, otorgando valor a servicios como la entrega a domicilio, la opción de compra en línea con retiro en tienda y las aplicaciones móviles que facilitan la comparación de precios y la búsqueda de información sobre productos.

El enfoque hacia la sostenibilidad y la ética no se limita solo a la compra de productos ecológicos, sino que también se extiende a la evaluación de la ética empresarial. Los consumidores cada vez más informados y conscientes tienden a preferir empresas que muestren un compromiso con temas sociales, ambientales y el bienestar de los empleados. Esta tendencia ha dado lugar a la aparición de certificaciones y marcas éticas, que las empresas pueden obtener para demostrar su compromiso en estos sectores.

Además, la expectativa de experiencias de compra únicas y memorables está llevando a las empresas a implementar soluciones innovadoras en los puntos de venta, como la realidad aumentada y virtual, las tiendas sin cajero y los entornos inmersivos, que buscan ofrecer al consumidor una experiencia de compra que vaya más allá de la simple transacción comercial.

Por último, la importancia de la lealtad del cliente y la construcción de relaciones a largo plazo con los consumidores se ve acentuada por la creciente competencia y la posibilidad de que los consumidores comparen fácilmente los precios y ofertas de diferentes minoristas. Programas de fidelización, descuentos personalizados y comunicaciones dirigidas son solo algunas de las estrategias adoptadas para fomentar la repetición de la compra y la preferencia por una marca o minorista específico.

La complejidad y multidimensionalidad del comportamiento del consumidor moderno requieren, por lo tanto, un enfoque holístico y multidisciplinario, que integre diversas habilidades y sea capaz de adaptarse rápidamente a las evoluciones del mercado y a los hábitos de consumo emergentes.

Además de lo ya expuesto, es fundamental subrayar cómo el análisis del comportamiento del consumidor debe tener cada vez más en cuenta las diferencias culturales y demográficas. La diversidad de edad, género, antecedentes culturales y condición socioeconómica desempeña un papel clave en la formación de las preferencias y expectativas de los consumidores. Por ejemplo, las generaciones más jóvenes, como los millennials y la Generación Z, tienden a ser más sensibles a temas de innovación y sostenibilidad y tienen expectativas elevadas en términos de personalización y experiencia de compra.

Al mismo tiempo, el aumento de la globalización y la facilidad de acceso a productos y servicios de todo el mundo han llevado a un consumidor más exigente e informado, que busca calidad y autenticidad y está dispuesto a explorar nuevas opciones y categorías de productos. Esto ha hecho que el mercado sea aún más competitivo y ha acentuado la necesidad de que las empresas se diferencien y construyan un fuerte vínculo emocional con los consumidores.

La psicología del consumidor es otro campo de estudio esencial para comprender las motivaciones y los impulsores de la compra. La teoría de las motivaciones, la dinámica de las necesidades y deseos, y los estudios sobre el procesamiento de la información y la percepción del riesgo son todos elementos que contribuyen a definir el comportamiento del consumidor. Una comprensión profunda de estos aspectos puede ayudar a las empresas a desarrollar estrategias de marketing más efectivas y a crear productos y servicios que realmente satisfagan las necesidades y expectativas de los consumidores.

Además, la creciente importancia del marketing experiencial ha llevado a un enfoque cada vez mayor en la interacción entre el consumidor y la marca, y en la importancia de crear experiencias memorables y atractivas. El concepto de "customer journey", es decir, el camino que el consumidor recorre desde que conoce un producto o servicio hasta la compra y más allá, se ha vuelto fundamental en las estrategias de marketing. Analizar y optimizar cada punto de contacto a lo largo de este camino es fundamental para construir relaciones duraderas con los consumidores y fomentar la lealtad y la recomendación.

El análisis de las tendencias sociales y los cambios en el estilo de vida de los consumidores es otro aspecto relevante. Monitorizar y anticipar estos cambios permite a las empresas adaptar sus productos y servicios para mantener su relevancia en el mercado. Por ejemplo, el creciente interés en un estilo de vida saludable y activo ha conducido al desarrollo de nuevos segmentos de mercado y oportunidades de innovación en categorías de productos como alimentos y bebidas, ropa y tecnología.

Finalmente, la evolución de las tecnologías de comunicación y el aumento en el uso de dispositivos móviles han generado nuevas formas de interacción entre consumidores y marcas. La capacidad de comunicarse en tiempo real y recibir retroalimentación instantánea ofrece a las empresas oportunidades únicas de compromiso y escucha de los consumidores, pero también plantea nuevos desafíos en la gestión de relaciones y reputación en línea.

En conclusión, el análisis del comportamiento del consumidor es un campo en constante evolución que requiere un enfoque flexible y multifacético, y ofrece infinitas posibilidades de aprendizaje y desarrollo para las empresas que deseen mantenerse competitivas y satisfacer las demandas de consumidores cada vez más informados y exigentes.

Un aspecto cada vez más relevante en el análisis del comportamiento del consumidor es el impacto de la sostenibilidad y la responsabilidad social empresarial en las decisiones de compra. Los consumidores modernos están cada vez más informados y conscientes de las cuestiones ambientales y sociales, y numerosas investigaciones han demostrado que están dispuestos a pagar más por productos y servicios provenientes de empresas éticas y sostenibles. Esto ha llevado a las empresas a implementar prácticas más sostenibles y a comunicar sus esfuerzos en este sentido, con el fin de construir una reputación positiva y ganar la confianza de los consumidores.

El crecimiento del comercio electrónico y las redes sociales ha transformado la forma en que los consumidores interactúan con las marcas y toman decisiones de compra. La posibilidad de leer reseñas en línea, comparar precios y características de productos, e interactuar directamente con las empresas a través de las plataformas sociales ha empoderado a los consumidores, haciéndolos más informados. En consecuencia, las empresas deben ser cada vez más transparentes, receptivas y orientadas al cliente para construir y mantener relaciones positivas con su mercado objetivo.

En el escenario actual, el análisis de Big Data y el uso de técnicas de inteligencia artificial y aprendizaje automático se han vuelto herramientas indispensables para comprender el comportamiento del consumidor. La recopilación y análisis de grandes cantidades de datos permiten a las empresas identificar patrones de comportamiento, anticipar tendencias y personalizar ofertas para satisfacer las necesidades específicas de cada individuo. Este nivel de personalización es fundamental para crear experiencias de compra satisfactorias y aumentar la retención de clientes.

El rol del branding emocional es otro elemento clave en el contexto actual. Las emociones juegan un papel crucial en las decisiones de compra, y las empresas están cada vez más enfocadas en construir conexiones emocionales con los consumidores a través de la narrativa, el diseño, la publicidad y otras técnicas de marketing. Crear un fuerte vínculo emocional puede conducir a una mayor fidelidad del cliente y a una recomendación positiva, elementos esenciales para el éxito a largo plazo de una marca.

Además, la importancia de la omnicanalidad ha crecido exponencialmente. Los consumidores modernos esperan una experiencia de compra fluida y coherente a través de todos los canales, tanto en línea como fuera de línea. Por lo tanto, las empresas deben asegurar una presencia integrada y coherente en todos los puntos de contacto y garantizar que el cambio de un canal a otro sea lo más sencillo y natural posible.

Otro aspecto relevante es la evolución de las expectativas de los consumidores en términos de servicio al cliente. La rapidez y la facilidad de acceso a la información han llevado a un aumento en las expectativas en términos de tiempos de respuesta, disponibilidad y personalización del servicio. Las empresas capaces de ofrecer un servicio al cliente excelente y proactivo pueden diferenciarse significativamente de la competencia y ganar la lealtad de los consumidores.

Finalmente, pero no menos importante, la creciente diversidad y multiculturalidad de las sociedades modernas requiere un enfoque cada vez más inclusivo y adaptable. Comprender y respetar las diferencias culturales, religiosas y de género es fundamental para crear productos y servicios acogedores y accesibles a una audiencia diversa y global.

Todos estos elementos, unidos a las continuas innovaciones tecnológicas y los cambios socioculturales, hacen del análisis del comportamiento del consumidor un campo complejo pero extremadamente estimulante, en el que las oportunidades de aprendizaje y crecimiento son prácticamente infinitas.

Concluyendo, el análisis del comportamiento del consumidor es un campo multidimensional y en constante evolución que requiere un enfoque holístico y adaptación a nuevas tendencias y tecnologías. El creciente conocimiento de los consumidores sobre temas de sostenibilidad, ética e inclusividad está redefiniendo los parámetros de éxito de las empresas y requiere estrategias innovadoras y orientadas al valor. El auge de lo digital y la omnipresencia de las redes sociales han fortalecido el poder del consumidor, convirtiendo en esencial que las empresas sean transparentes, reactivas y se enfoquen en construir relaciones duraderas. La capacidad de aprovechar los grandes datos y las tecnologías de inteligencia artificial para anticipar las necesidades de los clientes y personalizar la oferta se ha convertido en un factor clave de diferenciación y competitividad. El branding emocional, la omnicanalidad y la excelencia en el servicio al cliente son elementos imprescindibles para cumplir con las expectativas crecientes de los consumidores y fomentar su lealtad. Además, la acogida y el respeto de las diversas culturas, religiones y géneros son fundamentales para operar en un mercado global y heterogéneo. En resumen, el análisis del comportamiento del consumidor es un pilar estratégico que guía el desarrollo de productos, servicios y campañas de marketing efectivas. Las empresas que logran interpretar y anticipar las necesidades y deseos de los consumidores, respondiendo de manera ética y sostenible, están destinadas a prosperar en un contexto de mercado cada vez más complejo y dinámico. La profundidad y complejidad de este campo de estudio ofrecen oportunidades inagotables de aprendizaje e innovación, definiendo el futuro del negocio y la relación entre la marca y los consumidores.

13. Responsabilidad Social Empresarial (Sostenibilidad, Ética, etc.)

La Responsabilidad Social Empresarial (RSE), o Corporate Social Responsibility (CSR) en inglés, representa un concepto clave en la gran distribución moderna. Se refiere a la asunción de responsabilidad por parte de las empresas respecto al impacto de sus actividades en el medio ambiente, la sociedad y el bienestar general. Esta área se divide en diversas dimensiones, incluyendo sostenibilidad ambiental, ética empresarial, derechos de los trabajadores, inclusión y participación comunitaria. La sostenibilidad ambiental es central en las prácticas de RSE. Las empresas de la gran distribución se comprometen a reducir su impacto ecológico mediante la optimización de procesos de producción, el uso de materiales sostenibles y reciclables, la gestión de residuos, la reducción de emisiones de CO_2 y el ahorro energético. Estas prácticas contribuyen no solo a proteger el medio ambiente, sino también a construir una imagen positiva de la marca y a satisfacer la creciente demanda de productos y servicios ecológicamente responsables. La ética empresarial es otro pilar de la RSE. Las empresas éticas operan con integridad, transparencia y respeto a las leyes y regulaciones. Promueven condiciones de trabajo justas y seguras, luchan contra la discriminación y el trabajo infantil, y respetan los derechos humanos. La conducta ética se extiende también a la cadena de suministro, seleccionando proveedores que comparten valores y prácticas responsables. La participación comunitaria es fundamental para las empresas responsables. Muchas empresas de la gran distribución desarrollan programas de voluntariado, donaciones, patrocinios y asociaciones con entidades sin ánimo de lucro para apoyar causas sociales, educativas y de salud. El objetivo es contribuir al bienestar de las comunidades en las que operan y construir relaciones positivas con los diferentes grupos de interés. La inclusión social y la diversidad son temas cada vez más relevantes en la RSE. Las empresas se comprometen a crear entornos de trabajo inclusivos y a promover la diversidad en cuanto a género, etnia, orientación sexual, discapacidad y trasfondo cultural. Este compromiso se refleja también en la selección de productos, la accesibilidad de los puntos de venta y las campañas publicitarias. Por último, es importante subrayar que la Responsabilidad Social Empresarial no es solo un deber ético, sino que también representa una ventaja competitiva. Las empresas que adoptan prácticas responsables tienden a disfrutar de una mayor lealtad de los consumidores, reducen los riesgos reputacionales y legales, y atraen talentos motivados por valores éticos y sostenibles. En este contexto, la RSE se configura como una inversión estratégica en el futuro de la empresa y la sociedad en su conjunto.

En el contexto de la Responsabilidad Social Empresarial (RSE), un elemento crucial es la transparencia en las relaciones con los consumidores y los grupos de interés. Las empresas deben comunicar abiertamente sus iniciativas y resultados en el ámbito social y ambiental. La creación de informes de sostenibilidad y la certificación por parte de terceros son herramientas clave para garantizar autenticidad y credibilidad a las acciones emprendidas.

La participación activa de los empleados en las prácticas de RSE es otro elemento clave. La capacitación, la sensibilización y la inclusión de los trabajadores en las decisiones empresariales relacionadas con la sostenibilidad pueden generar un ambiente laboral positivo, aumentar la productividad y fomentar la innovación. Las empresas que ponen el bienestar de sus empleados en el centro son a menudo las que marcan la diferencia en el panorama de la Responsabilidad Social Empresarial.

Otro aspecto relevante de la RSE concierne a la relación con los proveedores y la cadena de suministro. Las empresas éticamente responsables implementan políticas de compra sostenible, priorizando proveedores que cumplen con altos estándares en términos de derechos humanos, condiciones laborales e impacto ambiental. Además, las prácticas de comercio justo y la adopción de certificaciones éticas y ambientales a lo largo de la cadena de valor contribuyen a garantizar productos y servicios responsables.

La RSE se manifiesta también a través de iniciativas de ecodiseño, con el objetivo de reducir el impacto ambiental de los productos desde la fase de diseño, considerando el ciclo de vida completo del producto, desde la extracción de materias primas hasta el final de su vida útil. Este enfoque promueve el uso de materiales reciclados y reciclables, la reducción del consumo energético y la minimización de los desechos.

Las políticas de gestión de residuos y el reciclaje son componentes fundamentales de la estrategia de sostenibilidad de las empresas. Implementar sistemas de recogida selectiva, fomentar el reciclaje y reducir el uso de materiales no biodegradables son acciones concretas para limitar el impacto en el planeta.

Además, en el campo de la RSE, ha surgido un interés creciente en temas de género y la promoción de la igualdad. Las empresas están adoptando políticas de igualdad de género, garantizando igualdad de oportunidades, equidad salarial y representación en todos los niveles organizativos.

La sensibilización y la educación del consumidor desempeñan un papel fundamental en la promoción de la sostenibilidad. A través de campañas informativas y de marketing ético, las empresas pueden influir en las elecciones de los consumidores, orientándolos hacia productos y comportamientos más responsables y conscientes.
Finalmente, en la era digital, la tecnología y las redes sociales desempeñan un papel crucial en la difusión de las prácticas de RSE. La presencia en línea permite a las empresas llegar a un público más amplio y comprometer activamente a los consumidores en las iniciativas de sostenibilidad, creando una comunidad de individuos comprometidos y sensibles a temas de responsabilidad social y ambiental.

En el discurso sobre la Responsabilidad Social Empresarial, un factor de considerable importancia es la inversión en proyectos de desarrollo comunitario y social. Muchas empresas destinan una parte de sus beneficios a proyectos que conciernen a la educación, la salud y el bienestar de las comunidades locales, buscando así contribuir al desarrollo sostenible de las áreas donde operan.
La colaboración con Organizaciones No Gubernamentales (ONG) y entidades sin ánimo

de lucro es otro método a través del cual las empresas intentan maximizar su impacto positivo. Estas alianzas pueden dar lugar a la creación de proyectos conjuntos e iniciativas destinadas a resolver problemas sociales, ambientales y de desarrollo.

Además, la gobernanza empresarial ética es un pilar de la RSE. Las empresas responsables adoptan modelos de gobernanza transparentes e inclusivos que involucran a diversas partes interesadas en el proceso de toma de decisiones. Esto ayuda a prevenir comportamientos no éticos y a fomentar la confianza entre la empresa, los empleados, los clientes y los inversores.

La innovación sostenible es otra dimensión relevante de la RSE. Se pide a las empresas que inviertan en investigación y desarrollo para crear productos y servicios innovadores que reduzcan el impacto ambiental y mejoren la calidad de vida de las personas. La innovación puede manifestarse de diversas maneras, desde la introducción de tecnologías limpias hasta la implementación de nuevos modelos de negocio circulares.

En el contexto de la crisis climática, el compromiso de las empresas en la reducción de las emisiones de gases de efecto invernadero se ha convertido en un aspecto central de la Responsabilidad Social Empresarial (RSE).

Muchos empresarios están adoptando medidas para reducir la huella de carbono de sus actividades, mediante el uso de energías renovables, la eficiencia energética y la compensación de emisiones.
La promoción de la diversidad y la inclusión en la empresa es otro punto focal de la RSE. Crear un entorno laboral inclusivo, que valore las diferencias y ofrezca igualdad de oportunidades, es fundamental para atraer y retener talento y mejorar el desempeño empresarial.
Los temas de salud y seguridad en el trabajo están intrínsecamente vinculados a la RSE. Garantizar un entorno laboral seguro, respetuoso de la salud y el bienestar de los empleados, no solo es una obligación legal, sino también un imperativo ético que refleja el compromiso de la empresa en la protección de los derechos humanos.
Además, la atención al bienestar animal se ha convertido en un componente importante de la RSE para las empresas de la industria alimentaria y cosmética. La adopción de prácticas éticas en la gestión de los animales y la elección de no probar los productos en animales son aspectos que los consumidores valoran cada vez más en sus decisiones de compra.
Otro aspecto relevante es la gestión de riesgos ambientales y sociales. Las empresas

responsables implementan sistemas de gestión de riesgos que consideran los impactos sociales y ambientales de sus actividades, con el fin de prevenir y mitigar los efectos negativos en la sociedad y el medio ambiente.
Finalmente, es fundamental resaltar la importancia del involucramiento de los clientes en la RSE. Escuchar las necesidades y expectativas de los clientes, e involucrarlos en iniciativas de sostenibilidad, puede fortalecer la relación entre la empresa y el consumidor, aumentando la lealtad del cliente y el valor de la marca.

La Responsabilidad Social Empresarial (RSE) se extiende también a la gestión ética de los recursos humanos, con las empresas que adoptan prácticas de contratación y gestión de personal éticas y transparentes, promoviendo la formación continua y el desarrollo profesional de los empleados.
Una dimensión cada vez más relevante de la RSE es la transparencia en las operaciones comerciales y financieras. Esto implica la preparación de balances y reportes empresariales que reflejen de manera precisa y honesta la realidad financiera y operativa de la empresa, contribuyendo a construir confianza entre los

grupos de interés y a prevenir fraudes y malversaciones.
La trazabilidad de la cadena de suministro es otro elemento clave de la RSE. Las empresas responsables trabajan activamente para asegurar que sus proveedores cumplan con estándares elevados en términos de derechos humanos, condiciones laborales e impacto ambiental. Esto implica la implementación de sistemas de monitoreo y certificación a lo largo de toda la cadena de suministro.
El compromiso en la lucha contra la corrupción es fundamental. Las empresas deben adoptar políticas rigurosas y sistemas de control interno para prevenir, identificar y combatir la corrupción en todas sus formas, tanto a nivel interno como externo a la empresa.
Las empresas también están llamadas a participar activamente en el diálogo con los encargados de formular políticas y los reguladores para contribuir al desarrollo de regulaciones y políticas que fomenten la sostenibilidad y la responsabilidad social, demostrando un compromiso proactivo en la construcción de un marco normativo equitativo y sostenible.

Además, la creación de un entorno laboral positivo y estimulante es un aspecto crucial de la

Responsabilidad Social Empresarial (RSE). Las empresas pueden implementar diversas estrategias, como la introducción de programas de bienestar corporativo, la promoción del equilibrio entre la vida laboral y personal, y la creación de espacios de trabajo inclusivos y acogedores.

El diálogo y la participación con los grupos de interés son fundamentales para identificar y abordar las expectativas y preocupaciones de todos aquellos involucrados en la actividad de la empresa. Esta participación puede llevar a decisiones más informadas y sostenibles, y puede contribuir a construir relaciones de confianza y colaboración a largo plazo.

La educación ambiental y la sensibilización son también herramientas importantes para la RSE. Las empresas pueden desempeñar un papel clave en educar a los consumidores y a los grupos de interés sobre temas de sostenibilidad, promoviendo comportamientos responsables y conscientes.

Finalmente, la gestión responsable de residuos y la economía circular son temas cada vez más centrales. Se pide a las empresas reducir la producción de residuos, promover el reciclaje y reutilización de materiales e implementar modelos de negocio que valoren los recursos y reduzcan el impacto ambiental.

En todo esto, es esencial que las empresas comuniquen de manera efectiva y transparente sus esfuerzos y resultados en términos de RSE, utilizando diversas plataformas y canales de comunicación para llegar a un público amplio y diversificado.

En conclusión, la Responsabilidad Social Empresarial (RSE) es un concepto multidimensional que requiere un compromiso profundo y continuo por parte de las empresas en múltiples áreas. Desde la sostenibilidad ambiental hasta la gestión ética de los recursos humanos, desde la transparencia financiera hasta la lucha contra la corrupción, cada aspecto de la RSE contribuye a construir una empresa que opera respetando a la sociedad y al ambiente en el que se encuentra.

La trazabilidad de la cadena de suministro y la selección ética de los proveedores son fundamentales para asegurar que el compromiso de la empresa sea coherente a lo largo de toda la cadena de valor. Esto no solo mitiga los riesgos asociados con prácticas irresponsables, sino que también contribuye a construir una marca sólida y respetable, fortaleciendo la confianza de los grupos de interés.

La participación activa en el diálogo con los formuladores de políticas y los reguladores es igualmente crucial. Contribuir al desarrollo de regulaciones que promuevan la sostenibilidad y la equidad social significa participar activamente en la conformación de un entorno normativo justo y sostenible.

14. Gestión de Recursos Humanos

La gestión de recursos humanos es un componente crucial en el campo de la gran distribución moderna. Es el pilar que respalda la eficiencia operativa, la satisfacción de los empleados y, por ende, la satisfacción del cliente. Incluye diversas subcategorías y prácticas, como la selección de personal, la formación y desarrollo, la gestión del desempeño, la remuneración y beneficios, y el mantenimiento de un entorno laboral positivo e inclusivo.

1. **Selección de Personal:** La selección precisa de personal es fundamental. La gran distribución requiere una variedad de habilidades, desde la gestión de la cadena de suministro hasta la venta minorista. Atraer y seleccionar personas con las

habilidades y actitudes adecuadas es esencial para el éxito empresarial.

2. **Formación y Desarrollo:** Invertir en la formación y desarrollo de los empleados es fundamental. Esto no solo mejora las habilidades del personal, sino que también contribuye a aumentar la productividad, la calidad del servicio y la innovación dentro de la empresa.
3. **Gestión del Desempeño:** Monitorear y evaluar el desempeño de los empleados es esencial para mantener los estándares de calidad y detectar áreas de mejora. Establecer objetivos claros y realistas, junto con retroalimentación constructiva, contribuye a motivar al personal.
4. **Remuneración y Beneficios:** Ofrecer una remuneración competitiva y beneficios atractivos es fundamental para atraer y retener a los mejores talentos. Esto incluye no solo el salario, sino también bonificaciones, seguros, programas de bienestar y otros incentivos.
5. **Entorno Laboral Positivo e Inclusivo:** Crear un ambiente laboral que promueva la diversidad, inclusión y respeto es esencial. Un clima laboral positivo contribuye al bienestar de los empleados, reduce la rotación y aumenta la productividad.
6. **Seguridad Laboral:** Garantizar la seguridad en el trabajo es una prioridad absoluta. Implementar y mantener estándares elevados en

salud y seguridad reduce el riesgo de accidentes y ausencias, mejorando la satisfacción de los trabajadores y la reputación de la empresa.

7. **Comunicación e Involucramiento:** La comunicación efectiva y el involucramiento de los empleados son fundamentales en la gestión de recursos humanos. Mantener a los empleados informados e involucrados en las decisiones empresariales aumenta el sentido de pertenencia y la motivación.
8. **Normativas y Cumplimiento:** Cumplir con las regulaciones locales, nacionales e internacionales en relación con los derechos de los trabajadores es fundamental. El cumplimiento ayuda a prevenir litigios, multas y daños a la reputación de la empresa.

En conclusión, una gestión efectiva de los recursos humanos es esencial para el éxito y la sostenibilidad de las empresas de gran distribución. A través de prácticas éticas e innovadoras, es posible crear un entorno laboral que valore y respalde a los empleados, contribuyendo así al éxito a largo plazo de la empresa.

La gestión de recursos humanos en la gran distribución también puede ser influenciada por la adopción de tecnologías innovadoras, como software avanzado de gestión de recursos humanos, que permite una mejor planificación de recursos, análisis del desempeño y gestión del talento. La implementación de tales herramientas tecnológicas puede contribuir significativamente a la eficiencia operativa y al logro de los objetivos empresariales.

Además, la gestión de recursos humanos debe adaptarse a los desafíos emergentes y en constante evolución del mercado. Por ejemplo, el creciente énfasis en el equilibrio entre el trabajo y la vida personal, el bienestar de los empleados y la sostenibilidad ambiental se han convertido en factores cruciales que las empresas deben considerar en la gestión del personal. En este contexto, las políticas de flexibilidad, como el trabajo desde casa o los horarios flexibles, son cada vez más importantes para satisfacer las necesidades y expectativas de los empleados.

Además, la creciente diversidad de la fuerza laboral requiere una gestión inclusiva y multicultural. Las empresas deben implementar políticas antidiscriminatorias, promover la diversidad y asegurar que todos los empleados tengan igualdad de oportunidades para crecer y desarrollarse. La formación en diversidad e inclusión puede ayudar a construir una cultura empresarial que valore y acoja las diferencias.

La gestión del cambio es otra área que requiere atención en el campo de la gestión de recursos humanos. Las empresas de la gran distribución

deben estar preparadas para adaptarse rápidamente a los cambios en el mercado, a los nuevos modelos de negocios y a las innovaciones tecnológicas. Esto implica desarrollar habilidades y capacidades de adaptación entre los empleados y crear una cultura empresarial que fomente la innovación y el aprendizaje continuo.
La gestión de carreras y la planificación de la sucesión son elementos clave en la gestión de recursos humanos en la gran distribución. Ofrecer trayectorias profesionales claras y oportunidades de desarrollo ayuda a retener el talento dentro de la organización y asegura la continuidad empresarial a largo plazo. La planificación de la sucesión es especialmente crucial para roles clave, donde la experiencia y las habilidades son fundamentales para el éxito empresarial.

La motivación de los empleados es otro aspecto fundamental. Estrategias de incentivos, como bonificaciones por desempeño, reconocimientos e incentivos no monetarios, pueden desempeñar un papel significativo en el mantenimiento de la moral y el compromiso de los empleados.

Finalmente, el escuchar activamente y la retroalimentación constante son herramientas esenciales para comprender las necesidades, expectativas y preocupaciones de los empleados. A través de encuestas de satisfacción de los empleados, sesiones de escucha y canales de retroalimentación abiertos, las empresas pueden recopilar información valiosa y actuar en consecuencia para mejorar el entorno laboral y la gestión de recursos humanos.

En el contexto de la gran distribución, también es fundamental abordar la cuestión de la formación y desarrollo del personal. Las empresas están invirtiendo cada vez más en programas de formación que permiten a los empleados adquirir nuevas habilidades, mantenerse al día con las últimas tendencias del sector y adaptarse a los cambios del mercado. La formación continua es particularmente importante en un sector en el que la innovación tecnológica y las expectativas de los consumidores están en constante evolución, requiriendo una adaptabilidad y actualización constantes de las habilidades.

Otro elemento crucial en la gestión de recursos humanos es la salud y seguridad en el trabajo. Las empresas deben asegurarse de que los empleados operen en un entorno seguro y saludable, minimizando los riesgos de accidentes y enfermedades laborales. Esto implica no solo el cumplimiento de regulaciones de salud y seguridad, sino también la inversión en formación sobre seguridad, equipos de protección personal y mejoras continuas en las condiciones de trabajo.

La gestión de recursos humanos en la gran distribución implica la necesidad de abordar también los picos estacionales y las variaciones en la demanda, que pueden requerir una planificación flexible y escalable del personal. La gestión efectiva de recursos temporales, contratos a término y horas extraordinarias es fundamental para garantizar que la empresa pueda satisfacer las necesidades de los clientes de manera eficiente, manteniendo al mismo tiempo el bienestar de los empleados.

El compromiso de los empleados es otro aspecto central, ya que los empleados motivados y comprometidos son más productivos y contribuyen a crear un entorno laboral positivo. Iniciativas como actividades de trabajo en equipo, eventos corporativos y programas de reconocimiento pueden ayudar a fortalecer el sentido de pertenencia y mejorar la satisfacción y retención del personal.

Otro factor determinante es la gestión de conflictos internos. La gran distribución es un sector caracterizado por una amplia variedad de roles y responsabilidades, lo que puede generar tensiones y desacuerdos entre los empleados. Por lo tanto, es esencial que las empresas tengan políticas y procedimientos efectivos para la resolución de conflictos, promoviendo un ambiente laboral armonioso y cooperativo.

La comunicación interna es un elemento clave para garantizar que todos los empleados estén informados e involucrados en las decisiones empresariales. Un sistema de comunicación efectiva contribuye a crear un sentido de unidad y pertenencia, mejora la transparencia y ayuda a prevenir malentendidos y frustraciones.

Finalmente, la gestión del desempeño es un elemento fundamental de la gestión de recursos humanos. A través de evaluaciones regulares, retroalimentación constructiva y objetivos claros y medibles, las empresas pueden ayudar a los empleados a mejorar su desempeño, identificar áreas de desarrollo y promover el crecimiento profesional. Además, el uso de métricas e indicadores clave de desempeño puede contribuir a monitorear y evaluar la efectividad de las políticas de gestión de recursos humanos e identificar áreas de mejora.

La diversidad e inclusión en la gestión de recursos humanos en la gran distribución

El aspecto de la diversidad e inclusión es fundamental en la gestión de recursos humanos en la gran distribución. Las empresas progresistas están implementando políticas de inclusión que buscan crear un entorno laboral acogedor y de apoyo para todos, independientemente del género, etnia, orientación sexual, edad o discapacidad.
Promover la diversidad no solo es éticamente correcto, sino que también puede conducir a una mayor innovación y una mejor comprensión de los diferentes segmentos de clientes.
Además, el bienestar de los empleados se ha vuelto cada vez más central. Los programas de bienestar empresarial, los servicios de apoyo psicológico y las iniciativas para equilibrar la vida laboral y personal se han convertido en elementos fundamentales de la estrategia de gestión de recursos humanos. Estos servicios ayudan a reducir el estrés, aumentar la satisfacción laboral y, por lo tanto, reducir la rotación de empleados.
Otro aspecto crucial es la cuestión de la remuneración y los beneficios. La estructuración de paquetes de remuneración competitivos, que incluyen no solo el salario base sino también

bonificaciones, incentivos, beneficios no monetarios y oportunidades de crecimiento profesional, es fundamental para atraer y retener talento en la gran distribución. Una política de remuneración justa y transparente también contribuye a crear un clima de equidad y satisfacción entre los empleados.

La adopción de tecnologías avanzadas en la gestión de recursos humanos está transformando la manera en que las empresas interactúan con sus empleados. Los sistemas de Gestión de Recursos Humanos (HRM) basados en la nube, plataformas de aprendizaje electrónico, soluciones de reclutamiento digital y herramientas de análisis de datos se están convirtiendo en herramientas indispensables para la gestión efectiva del personal. Estas tecnologías permiten simplificar y optimizar los procesos de recursos humanos, mejorar la comunicación y el compromiso de los empleados y respaldar la toma de decisiones basadas en datos.

La sostenibilidad laboral, en términos de horarios, carga de trabajo y condiciones, es otro tema cada vez más relevante. La búsqueda de un equilibrio entre las necesidades de la empresa y los derechos de los trabajadores es un desafío constante. La introducción de modelos de trabajo flexibles, teletrabajo e iniciativas para la salud de los empleados son ejemplos de cómo las empresas están tratando de hacer que el trabajo sea más sostenible y adaptarlo a las necesidades individuales.

Finalmente, la gestión de carreras y la planificación de la sucesión son elementos clave para garantizar la continuidad empresarial y el desarrollo del talento. Identificar y formar a los futuros líderes, gestionar la movilidad interna y ofrecer trayectorias profesionales claras y motivadoras son estrategias fundamentales para garantizar el crecimiento y el éxito a largo plazo de la empresa.

En el ámbito de la gestión de recursos humanos, la formación continua es un elemento indispensable. Las empresas de gran distribución están invirtiendo significativamente en programas de formación y desarrollo para mejorar las habilidades de sus empleados. Esto puede implicar tanto habilidades técnicas como habilidades blandas, como liderazgo, comunicación y gestión del tiempo. El objetivo es preparar a los empleados para enfrentar los desafíos de un mercado en constante cambio y adaptarse a las necesidades de los consumidores en evolución.

Del mismo modo, el compromiso de los empleados es fundamental. Las empresas que logran establecer un entorno laboral positivo y

motivador tienden a mantener altos niveles de productividad y bajos índices de rotación. La creación de un entorno que valora las opiniones de los empleados y los involucra en los procesos de toma de decisiones ayuda a mejorar la moral y la inversión emocional en el éxito de la empresa. Además, la gestión de recursos humanos en la gran distribución debe abordar el desafío de la gestión del personal temporal. Durante los picos de demanda, como las festividades o las ventas estacionales, es necesario contratar personal adicional y asegurarse de que estén adecuadamente capacitados e integrados. Esto requiere una planificación cuidadosa y una gestión eficiente de los recursos para evitar escasez de personal o costos adicionales.
La evaluación del desempeño y la retroalimentación constructiva son otros aspectos cruciales. Un sistema de evaluación efectivo ayuda a los empleados a comprender las expectativas de la empresa, a ser reconocidos por sus logros e identificar áreas de mejora. La retroalimentación regular y constructiva es fundamental para el desarrollo profesional y la satisfacción de los empleados.

El equilibrio entre la vida laboral y personal es otro área de enfoque. Las empresas de gran distribución están buscando soluciones innovadoras para ofrecer horarios flexibles, opciones de teletrabajo y apoyo para la gestión de responsabilidades familiares. El objetivo es crear un entorno laboral equilibrado que promueva la salud y el bienestar de los empleados.

Finalmente, la atención a la legislación laboral y el cumplimiento normativo es esencial. Las empresas deben mantenerse al día con todas las leyes y regulaciones laborales, como los derechos de los trabajadores, la seguridad laboral y la igualdad salarial. Cumplir con estas normativas no solo es obligatorio, sino que también ayuda a construir una reputación positiva y a prevenir posibles sanciones y disputas legales.

La gestión de recursos humanos en la gran distribución es un complejo mosaico de procesos, políticas y prácticas, todos interconectados e interdependientes. Este sector, especialmente dinámico y desafiante, requiere una atención cuidadosa y dirigida a su capital humano, ya que la satisfacción, eficiencia y productividad de los empleados repercuten directamente en el rendimiento general de la empresa y la experiencia del cliente.

La formación continua emerge como uno de los pilares de esta gestión, siendo crucial no solo para equipar al personal con las habilidades necesarias, sino también para asegurar que la empresa mantenga una ventaja competitiva en un mercado en constante evolución. La formación no es solo una inversión en el presente, sino una apuesta por el futuro de la empresa, garantizando que esté siempre lista para enfrentar nuevos desafíos y oportunidades.

Paralelamente, el compromiso de los empleados y la creación de un entorno laboral positivo no son solo aspiraciones éticas, sino necesidades estratégicas. Un empleado motivado y comprometido suele ser sinónimo de un empleado productivo y leal, lo que reduce los costos asociados al cambio de personal y mejora la calidad del servicio al cliente.

El desafío de la gestión del personal temporal, la evaluación del desempeño, el equilibrio entre vida laboral y personal y el cumplimiento normativo son todos engranajes de una máquina bien aceitada que la empresa debe saber manejar de manera efectiva y cautelosa. La falta de cumplimiento o una gestión inadecuada de uno de estos aspectos puede llevar a ineficiencias, problemas legales o daños a la reputación, con repercusiones potencialmente graves para la empresa.

En conclusión, la gestión de recursos humanos en el sector de la gran distribución no es solo la ejecución de tareas administrativas, sino una función estratégica que requiere visión, perspicacia y capacidad de adaptación. Su efectividad determina en gran medida el éxito de la empresa, ya que las personas, con sus habilidades, energía y pasión, son el verdadero motor de cualquier actividad comercial. Asegurarse de que estén bien gestionadas, motivadas y satisfechas no es solo un deber ético, sino una elección estratégica ganadora.

15. Relaciones con Proveedores

Las relaciones con los proveedores representan un aspecto fundamental en la cadena de valor de la gran distribución. En un mercado cada vez más competitivo y globalizado, gestionar estas relaciones de manera efectiva es esencial para asegurar la calidad de los productos, la eficiencia operativa y la sostenibilidad de los costos. Las estrategias y prácticas adoptadas en este ámbito pueden tener un impacto significativo en el éxito empresarial.

Selección de Proveedores Una de las principales desafíos en la gestión de relaciones con los proveedores es la selección de socios adecuados. Identificar proveedores que no solo ofrezcan productos de alta calidad a precios competitivos, sino que también compartan los valores y objetivos de la empresa, es fundamental. Además, verificar la solidez financiera, la confiabilidad y la reputación de los proveedores es crucial para minimizar los riesgos asociados con retrasos, entregas fallidas o problemas de calidad.

Negociación de Contratos La negociación de los contratos es otro elemento clave en las relaciones con los proveedores. Las condiciones contractuales, como los precios, los plazos de pago, los niveles de servicio y las cláusulas de penalización, deben definirse con cuidado para equilibrar las necesidades de la empresa y del proveedor, garantizando al mismo tiempo flexibilidad y adaptabilidad a los cambios del mercado.

Gestión de Desempeño de Proveedores Es fundamental monitorear constantemente la calidad de los productos, los tiempos de entrega y el nivel de servicio para identificar posibles problemas e intervenir oportunamente. La implementación de sistemas de evaluación y retroalimentación puede mejorar la transparencia y la comunicación entre las partes, fomentando la creación de relaciones sólidas y a largo plazo.

Sostenibilidad y Ética La sostenibilidad y la ética juegan un papel cada vez más importante en las relaciones con los proveedores. Las empresas son cada vez más conscientes de seleccionar socios que adopten prácticas responsables desde un punto de vista ambiental, social y laboral. Promover prácticas sostenibles en la cadena de suministro no solo puede mejorar la imagen y la reputación de la empresa, sino también reducir los riesgos asociados con violaciones normativas o escándalos.

Innovación Tecnológica y Digitalización La innovación tecnológica y la digitalización están transformando la gestión de las relaciones con los proveedores. La adopción de plataformas digitales, blockchain y soluciones de big data puede mejorar la eficiencia, transparencia y trazabilidad de las transacciones, fomentando la colaboración y el intercambio de información entre la empresa y los proveedores.

En resumen, las relaciones con los proveedores son un elemento crucial para la gran distribución, requiriendo una gestión cuidadosa y estratégica. La selección de socios adecuados, la negociación efectiva de contratos, el seguimiento del desempeño, la atención a la sostenibilidad y la adopción de tecnologías innovadoras son factores que contribuyen a construir relaciones exitosas, capaces de generar valor para la empresa y toda la cadena de valor.

Gestión Proactiva y Reducción de Riesgos Un enfoque proactivo en la gestión de relaciones es esencial. Establecer una comunicación abierta y regular puede prevenir malentendidos y resolver rápidamente cualquier controversia. Seminarios, reuniones y talleres pueden ser herramientas útiles para fortalecer la comprensión mutua y compartir las mejores prácticas, fomentando una relación de colaboración más que una simple transacción comercial.

Gestión de Riesgos Las empresas deben adoptar enfoques y herramientas para identificar, evaluar y mitigar los riesgos asociados con los proveedores, como la dependencia de un solo proveedor, la volatilidad de los precios de las materias primas, los riesgos geopolíticos y los riesgos relacionados con el cambio climático. Una gestión eficaz de los riesgos puede contribuir a reducir la incertidumbre y asegurar la continuidad de las operaciones.

Co-creación de Valor y Desarrollo de Competencias La co-creación de valor implica una estrecha colaboración entre la empresa y los proveedores para identificar y aprovechar oportunidades que creen valor agregado para ambas partes. Además, la capacitación puede ser una herramienta clave para fomentar una cultura

de sostenibilidad y responsabilidad social dentro de la cadena de suministro.
Lean Management y Optimización La adopción de herramientas y prácticas de Lean Management puede ayudar a optimizar procesos y reducir el desperdicio, fomentando una mayor eficiencia y competitividad.
Finalmente, la flexibilidad y la adaptabilidad son habilidades fundamentales para gestionar eficazmente las relaciones con los proveedores en un entorno empresarial en constante evolución. La capacidad de adaptarse rápidamente a los cambios del mercado, las nuevas tendencias de los consumidores y los desafíos competitivos puede marcar la diferencia entre el éxito y el fracaso. En este contexto, la agilidad organizativa y la cultura del aprendizaje continuo son factores clave.
En resumen, la gestión de las relaciones con los proveedores en la gran distribución requiere un enfoque integral que considere diversos factores como la comunicación, la gestión de riesgos, la co-creación de valor, la formación, la adopción de prácticas Lean y la flexibilidad organizativa. Solo a través de una cuidadosa consideración de todos estos elementos, las empresas pueden esperar construir relaciones duraderas y fructíferas con sus proveedores.

Además, es crucial que las empresas de la gran distribución examinen y evalúen constantemente el rendimiento de los proveedores. Implementar un sistema efectivo de evaluación del desempeño puede ayudar a identificar áreas de mejora, motivar a los proveedores a elevar sus estándares y garantizar que se cumplan las expectativas de la empresa. Este proceso podría incluir el análisis de varios indicadores clave de rendimiento (KPI), como la puntualidad de las entregas, la calidad de los productos, el nivel de servicio al cliente y la capacidad de respuesta a las solicitudes de cambio.

La sostenibilidad también es una consideración cada vez más relevante en las relaciones con los proveedores. A menudo, las empresas están obligadas a demostrar su compromiso con prácticas sostenibles y responsables, lo que implica la elección de proveedores que respeten estos valores. Las certificaciones ambientales, los códigos de conducta y los programas de auditoría pueden ser herramientas útiles para verificar y garantizar la conformidad de los proveedores con los principios de sostenibilidad.

La importancia de la tecnología en la gestión de las relaciones con los proveedores no puede ser subestimada. La adopción de soluciones tecnológicas avanzadas, como sistemas de planificación de recursos empresariales (ERP), plataformas de e-procurement y soluciones basadas en blockchain, puede simplificar y optimizar el proceso de gestión de proveedores. Estas tecnologías pueden mejorar la transparencia, la eficiencia y la precisión de las transacciones, reducir los tiempos de espera y mejorar la colaboración entre empresas y proveedores.

En escenarios de globalización, la diversificación de proveedores es una estrategia adicional que se puede emplear para reducir la dependencia de un solo proveedor y mitigar los riesgos asociados con interrupciones en la cadena de suministro. Contar con una variedad de proveedores en diferentes regiones geográficas puede ayudar a las empresas a navegar mejor en situaciones de crisis, como interrupciones logísticas, fluctuaciones en los tipos de cambio e inestabilidad política.

Además, la capacidad para negociar términos y condiciones favorables es un aspecto esencial de la gestión de proveedores. Las empresas deben ser capaces de negociar precios, plazos de pago, condiciones de entrega y otros factores clave para garantizar la máxima flexibilidad y minimizar los costos. La formación del personal en técnicas de negociación efectivas y el uso de herramientas de análisis de costos pueden ser de gran ayuda en este contexto.

Otro punto focal es la gestión de contratos. Un contrato bien redactado, que detalle claramente las expectativas, responsabilidades e implicaciones legales para ambas partes, es fundamental para prevenir disputas futuras. La gestión de contratos comprende no solo la redacción y negociación, sino también el seguimiento del cumplimiento y la gestión de cambios contractuales.

Finalmente, la confianza y la integridad son la base de cualquier relación comercial exitosa. Construir relaciones de confianza con los proveedores puede conducir a una mayor colaboración, innovación compartida y soluciones a problemas comunes. La confianza se construye a través de la coherencia, la comunicación abierta, la resolución justa de conflictos y el respeto mutuo a los compromisos.

Continuando con la exploración del tema de las relaciones con los proveedores, es fundamental subrayar la importancia del compromiso y la colaboración a largo plazo. Las empresas que buscan una relación duradera y mutuamente beneficiosa con los proveedores pueden fomentar un entorno de crecimiento e innovación compartida. Esto puede incluir el intercambio de información sobre las tendencias del mercado, los comentarios de los consumidores y las estrategias de desarrollo de productos, lo que contribuye a la creación de productos y servicios mejores y más competitivos.

La gestión de riesgos es otro elemento crucial en la gestión de las relaciones con los proveedores. Las empresas deben identificar, evaluar y mitigar los riesgos potenciales asociados con sus proveedores, que pueden incluir la estabilidad financiera, los riesgos operativos, los riesgos de reputación y los riesgos legales. Implementar herramientas y procesos de gestión de riesgos, como la debida diligencia, las evaluaciones de riesgos y los planes de contingencia, puede ayudar a las empresas a protegerse de eventos imprevistos y garantizar la continuidad operativa.

Del mismo modo, la flexibilidad y la adaptabilidad son esenciales en un entorno empresarial en constante cambio. La capacidad de adaptarse rápidamente a las variaciones en la demanda del mercado, a los cambios en las materias primas y a las fluctuaciones de costos puede ser un factor determinante para el éxito. Las empresas y los proveedores deben trabajar juntos para desarrollar estrategias y soluciones que les permitan responder efectivamente a tales desafíos, manteniendo al mismo tiempo la calidad y la eficiencia.

Además de esto, la importancia de la formación y el desarrollo de habilidades no puede ser pasada por alto. Brindar a los empleados las habilidades y el conocimiento necesarios para gestionar eficazmente las relaciones con los proveedores puede llevar a decisiones más informadas, una mejor negociación y una mayor satisfacción en general. La formación puede cubrir áreas como la comunicación, la negociación, la resolución de conflictos, el análisis de datos y la gestión de proyectos.

La atención a las regulaciones y a los estándares del sector es igualmente esencial. El cumplimiento de las leyes locales, nacionales e internacionales, así como los estándares de calidad y seguridad, es fundamental para evitar sanciones, daños a la reputación y posibles disputas legales. Mantener un diálogo abierto y proactivo con los proveedores sobre las expectativas de cumplimiento puede ayudar a prevenir malentendidos y asegurar que ambas partes estén alineadas en objetivos y estándares.

Finalmente, la implicación de los proveedores en la planificación y la innovación estratégica puede conducir a una ventaja competitiva. Invitar a los proveedores a participar en sesiones de lluvia de ideas, talleres y proyectos de investigación y desarrollo puede estimular nuevas ideas, soluciones innovadoras y mejoras continuas. Este tipo de colaboración puede fortalecer la asociación y crear un sentido de participación y pertenencia, contribuyendo al éxito mutuo de empresas y proveedores.

La sostenibilidad es otro aspecto crucial al hablar de las relaciones con los proveedores. Actualmente, muchas empresas están evaluando la huella ecológica de sus proveedores, considerando factores como el uso de recursos, las emisiones de carbono y prácticas laborales éticas. Establecer colaboraciones con proveedores sostenibles no solo mejora la imagen de una empresa, sino que también contribuye a reducir los riesgos ambientales y sociales a lo largo de la cadena de suministro. El compromiso con la sostenibilidad también puede impulsar la innovación, la creación de productos ecológicos y nuevas oportunidades de mercado.

La importancia de la transparencia en las relaciones con los proveedores es otro elemento que merece atención. La transparencia permite que ambas partes tengan acceso a información clara y precisa, reduciendo así el riesgo de malentendidos y conflictos. También es esencial para construir y mantener la confianza, un elemento clave en cualquier relación comercial. Las empresas deben fomentar una comunicación abierta y honesta, compartiendo expectativas, retroalimentación y preocupaciones de manera constructiva.

La tecnología desempeña un papel cada vez más central en la gestión de las relaciones con los proveedores. El uso de plataformas digitales y herramientas tecnológicas puede mejorar la eficiencia, precisión y velocidad de las transacciones. Por ejemplo, los sistemas de planificación de recursos empresariales (ERP) y las plataformas de e-procurement pueden simplificar el proceso de compra, mientras que las soluciones de big data y análisis pueden proporcionar valiosas ideas sobre el rendimiento de los proveedores y ayudar en la identificación de áreas de mejora.

La diversificación de proveedores es otra estrategia que las empresas pueden adoptar para mitigar los riesgos asociados con el suministro. Tener una variedad de proveedores asegura que una empresa no dependa demasiado de un solo proveedor, reduciendo así la vulnerabilidad a interrupciones en la cadena de suministro, variaciones de precios y otros problemas. La diversificación también puede ofrecer acceso a una gama más amplia de habilidades, tecnologías e innovaciones.

Al mismo tiempo, la medición del rendimiento de los proveedores a través de indicadores clave de rendimiento (KPI) y evaluaciones regulares es esencial para garantizar que los proveedores cumplan con los estándares requeridos. El análisis del rendimiento puede revelar áreas en las que los proveedores pueden mejorar, contribuyendo al crecimiento y desarrollo de ambas partes.

Finalmente, la ética y la responsabilidad social empresarial no deben ser subestimadas. Las empresas deben asegurarse de que sus proveedores respeten los derechos de los trabajadores, las regulaciones ambientales y los estándares éticos. Esto no solo mejora la reputación de la empresa, sino que también contribuye a crear un entorno de trabajo justo y sostenible a lo largo de toda la cadena de suministro.

En resumen, gestionar efectivamente las relaciones con los proveedores es crucial para el éxito de una empresa minorista. Esto requiere un enfoque integral que considere varios factores clave como la negociación, la sostenibilidad, la transparencia, la innovación tecnológica, la diversificación, la evaluación del rendimiento y la ética empresarial. La adopción de prácticas sostenibles y éticas es imprescindible para construir relaciones sólidas y duraderas con los proveedores. Esto no solo ayuda a proteger el medio ambiente y garantizar los derechos de los trabajadores, sino que también contribuye a mejorar la imagen de la empresa y acceder a nuevas oportunidades de mercado. Por lo tanto, es fundamental para las empresas evaluar la huella ecológica de los proveedores y promover activamente prácticas laborales éticas. La transparencia y la comunicación abierta son igualmente importantes. Proporcionan una base sólida para la confianza y la cooperación entre la empresa y los proveedores, reduciendo los riesgos de conflictos y malentendidos. Por lo tanto, las empresas deben fomentar el intercambio de información, expectativas y comentarios en todas las etapas de la relación comercial. La tecnología y la innovación desempeñan un papel fundamental en mejorar la eficiencia y la efectividad de las relaciones con los proveedores. La adopción de herramientas digitales, plataformas de e-procurement y soluciones de análisis puede optimizar significativamente los procesos de compra y proporcionar valiosas ideas sobre el rendimiento de los proveedores. La diversificación de los proveedores y la evaluación regular de su desempeño a través de KPI son estrategias esenciales para mitigar los riesgos y garantizar la calidad. Estas prácticas permiten a las empresas no depender excesivamente de un solo proveedor e identificar áreas de mejora, contribuyendo al desarrollo mutuo. En resumen, la gestión de las relaciones con los proveedores es un proceso complejo que requiere una atención constante a varios aspectos. Las empresas que adoptan un enfoque ético, transparente, tecnológicamente avanzado y estratégico son más propensas a construir relaciones duraderas con los proveedores, obteniendo ventajas competitivas y contribuyendo a una economía más justa y sostenible.

16. Normativas y Regulaciones

La gestión de las normativas y regulaciones es fundamental en el sector minorista, ya que las empresas deben operar cumpliendo con una amplia gama de leyes y regulaciones a nivel local, nacional e internacional. Estas pueden abarcar diversas áreas como la seguridad de productos, la protección de consumidores, prácticas comerciales éticas, el medio ambiente, la salud y seguridad laboral, protección de datos, etiquetado, entre otros.

Esencialmente, las empresas minoristas deben estar al tanto de las leyes y regulaciones aplicables a sus operaciones. Esto requiere una investigación exhaustiva y el monitoreo constante de cambios legislativos, dado que el incumplimiento puede acarrear sanciones severas, daños a la reputación y pérdidas financieras. Un conocimiento profundo de la legislación también permite a las empresas identificar oportunidades para obtener ventajas competitivas, como el acceso a incentivos fiscales o financiamiento para la sostenibilidad.

Una vez identificadas las regulaciones pertinentes, las empresas deben implementar procesos y procedimientos para garantizar el cumplimiento. Esto puede incluir la capacitación del personal, la creación de manuales operativos, la adopción de sistemas de gestión de calidad, implementación de tecnologías para el monitoreo y trazabilidad de productos, y la realización de auditorías regulares.

Otro aspecto crucial es la gestión de las relaciones con las autoridades reguladoras. Las empresas deben ser capaces de interactuar efectivamente con dichas entidades, comprender los requisitos regulatorios y responder rápidamente a solicitudes de información o inspecciones. Además, una buena relación con las autoridades puede facilitar el acceso a información y recursos útiles, así como contribuir a construir una reputación positiva en el sector.

Por último, la transparencia y comunicación son fundamentales. Las empresas deben informar claramente a los consumidores, socios comerciales y otras partes interesadas sobre sus compromisos y acciones para el cumplimiento normativo. Esto ayuda a generar confianza y credibilidad, además de mitigar riesgos de disputas legales y daños a la imagen corporativa.

En resumen, la gestión de las normativas y regulaciones en el sector minorista es una tarea compleja y en constante evolución, que requiere un compromiso continuo y una estrategia bien definida. Las empresas que logran cumplir eficazmente con estas responsabilidades no solo evitan riesgos y sanciones, sino que también pueden fortalecer su posición en el mercado y crear valor a largo plazo.

Dentro del contexto de las normativas y regulaciones, las empresas minoristas deben prestar especial atención al ámbito de protección de datos. Con la llegada del GDPR en Europa y leyes similares en otras partes del mundo, la gestión de datos de clientes se ha convertido en un tema crucial. Las empresas deben asegurarse de que los datos personales sean recopilados, procesados, almacenados y eliminados de acuerdo con la ley, y estar preparadas para responder a solicitudes de los titulares de datos sobre acceso, rectificación o eliminación de su información.

Además, la seguridad alimentaria es otro aspecto relevante para los minoristas, especialmente aquellos que operan en el sector alimentario. Las regulaciones en este campo son extremadamente estrictas y requieren que las empresas implementen rigurosos sistemas de control de calidad, trazabilidad de la cadena de suministro, etiquetado preciso de alimentos y gestión de retiros de productos. El incumplimiento en este sector puede tener graves consecuencias, no solo en términos de sanciones, sino también para la salud pública y la reputación corporativa.

Asimismo, el etiquetado de productos está sujeto a regulaciones específicas, que varían según el tipo de producto y el país de venta. Las empresas deben asegurarse de que las etiquetas de los productos contengan toda la información requerida por la ley, como la composición, las instrucciones de uso, las advertencias de

seguridad y la información ambiental. Un etiquetado incorrecto o engañoso puede resultar en sanciones y dañar la confianza de los consumidores.
La sostenibilidad ambiental es otro ámbito en el que las regulaciones se están volviendo cada vez más estrictas. Se anima, e incluso se exige a las empresas, adoptar prácticas eco-sostenibles, reducir el impacto ambiental de sus operaciones y promover el consumo responsable. Esto incluye la gestión de residuos, el uso eficiente de recursos, la reducción de emisiones de gases de efecto invernadero y la adopción de envases eco-sostenibles.
Para afrontar todos estos desafíos, muchas empresas minoristas están invirtiendo en tecnologías avanzadas, como la cadena de bloques, la inteligencia artificial y el Internet de las cosas, que pueden ayudar a monitorear y asegurar el cumplimiento normativo de manera más eficiente y efectiva. La adopción de estas tecnologías también puede ofrecer ventajas competitivas, mejorando la eficiencia operativa, la trazabilidad de los productos, la personalización de la oferta y la fidelización de los clientes.

Además, las empresas también deben considerar las regulaciones relacionadas con los derechos laborales y las condiciones de trabajo. Es fundamental que se respeten los derechos de los empleados, que las condiciones de trabajo sean seguras y saludables, y que se adopten políticas justas e inclusivas. La gestión ética de los recursos humanos no solo es un requisito legal, sino que también contribuye a crear un entorno de trabajo positivo, a atraer y retener talento, y a mejorar la imagen de la empresa.

Finalmente, las cuestiones de propiedad intelectual, como marcas, patentes y derechos de autor, también son de gran importancia en el sector minorista. La protección de la propiedad intelectual es esencial para preservar la identidad y la competitividad de la empresa, mientras que el respeto a los derechos de los demás es fundamental para evitar controversias legales y daños a la reputación.

En resumen, la gestión de las regulaciones y normativas en el sector minorista es una tarea multidimensional que requiere una planificación cuidadosa, la implementación de sistemas y procedimientos adecuados, y la formación continua del personal. La capacidad de navegar eficazmente en este complejo panorama normativo puede marcar la diferencia entre el éxito y el fracaso de una empresa en el competitivo mercado minorista de hoy.

Además, las empresas minoristas, en la gestión de las normativas y regulaciones, también deben prestar atención a las normas locales e internacionales relacionadas con la importación y exportación de mercancías. Estas normas pueden incluir aranceles aduaneros, restricciones a la importación de ciertos productos y normas de seguridad y calidad que las mercancías deben cumplir. El conocimiento y el respeto de estas reglas son fundamentales para evitar retrasos, costos adicionales y posibles sanciones legales.

Otro aspecto importante se refiere a la publicidad y promoción de productos. Las leyes publicitarias varían considerablemente de un país a otro, pero en general prohíben la publicidad engañosa o confusa y requieren la divulgación de cierta información sobre los productos publicitados. Las empresas minoristas deben ser especialmente cuidadosas en la creación y difusión de material publicitario, para cumplir con las regulaciones y preservar la confianza de los consumidores.

Además, las normas de competencia son otro elemento crucial en la gestión de actividades minoristas. Estas leyes están diseñadas para promover la competencia y prevenir prácticas comerciales desleales o anticompetitivas. Las empresas deben ser conscientes de las restricciones sobre fijación de precios, acuerdos exclusivos y abusos de posición dominante, y actuar de manera proactiva para asegurar el cumplimiento y prevenir posibles sanciones.

El comercio electrónico, en rápido crecimiento, presenta desafíos adicionales en términos de cumplimiento normativo. Las empresas minoristas en línea deben abordar cuestiones relacionadas con la protección de los consumidores en línea, transacciones transfronterizas, impuestos digitales y seguridad cibernética. La gestión efectiva de estos aspectos es crucial para mantener la confianza de los clientes, minimizar los riesgos legales y operativos, y garantizar la sostenibilidad a largo plazo del negocio en línea.

Otra consideración crucial es la accesibilidad. Muchos países imponen normas específicas para garantizar que las tiendas y servicios minoristas sean accesibles para personas con discapacidades. Esto puede incluir la adaptación de las estructuras físicas, la provisión de servicios de asistencia y la adaptación de sitios web y aplicaciones para garantizar la accesibilidad digital. El cumplimiento de estas normas no solo es un requisito legal, sino que también representa una oportunidad para ampliar la base de clientes y mejorar la imagen de la empresa.

Además, la creciente atención a los derechos humanos y la responsabilidad social empresarial ha llevado a la introducción de regulaciones que requieren que las empresas monitoreen y rindan cuentas sobre el impacto social y ambiental de sus cadenas de suministro. Las empresas deben tomar medidas para prevenir y mitigar los riesgos de violaciones de los derechos humanos, explotación laboral y daños ambientales en sus operaciones y cadenas de valor.

En resumen, el panorama normativo en el sector minorista es extremadamente complejo y dinámico, lo que requiere una vigilancia continua por parte de las empresas y la adaptación a nuevos desafíos y oportunidades. El cumplimiento normativo no es solo una cuestión de cumplimiento legal, sino que está integrado en la estrategia empresarial, la gestión de riesgos y la creación de valor para la empresa y sus partes interesadas.
La gestión de regulaciones y normativas en el sector minorista es un aspecto crucial que

impacta cada elemento de la operatividad empresarial. La complejidad de las normativas demanda un enfoque proactivo e informado para navegar efectivamente entre los desafíos y asegurar la sostenibilidad y conformidad de la empresa.

Un componente esencial en este contexto es la formación continua y la actualización del personal empresarial en legislación y normativas. El conocimiento de las leyes a nivel local, nacional e internacional es fundamental para evitar posibles infracciones y sanciones. Además, la formación del personal contribuye a la construcción de una cultura empresarial basada en el respeto a las regulaciones y la integridad, elementos clave para construir y mantener la confianza de los consumidores y las partes interesadas.

Una estrategia efectiva para la gestión de normativas también incluye la implementación de sistemas de monitoreo y control interno. Estos sistemas ayudan a identificar tempranamente posibles riesgos de no conformidad y tomar medidas correctivas, minimizando el impacto negativo en la empresa. En este marco, el uso de tecnologías avanzadas y soluciones digitales puede mejorar significativamente la efectividad de los procesos de control y asegurar una mayor transparencia y responsabilidad.

Además del cumplimiento de las normativas, las empresas minoristas deben considerar el impacto de sus decisiones en las comunidades locales y en la sociedad en general. La responsabilidad social empresarial y la sostenibilidad ambiental se han convertido en aspectos centrales en la evaluación del desempeño empresarial. El cumplimiento con regulaciones ambientales, sociales y de gobernanza (ESG) no solo puede mitigar riesgos, sino también crear oportunidades de diferenciación y ventaja competitiva en el mercado.

Finalmente, la comunicación y el diálogo continuo con las autoridades reguladoras, las asociaciones del sector y otras partes interesadas son esenciales para anticipar y comprender los cambios en el panorama normativo. La participación activa en discusiones, mesas técnicas e iniciativas del sector puede facilitar la adaptación de la empresa a las nuevas regulaciones e influir en el desarrollo de regulaciones más equilibradas y sostenibles.

En conclusión, la gestión de normativas en el sector minorista es un proceso complejo y multifacético que requiere habilidades específicas, atención continua y una visión estratégica. La capacidad de una empresa para navegar exitosamente en este entorno normativo dinámico determinará en gran medida su resiliencia, su reputación y su capacidad para crear valor a largo plazo para accionistas, clientes y la sociedad en su conjunto.

17. Internacionalización y Globalización

La internacionalización y la globalización son estrategias esenciales para la expansión de las empresas minoristas en mercados extranjeros. A través de estos procesos, las empresas pueden acceder a nuevos clientes, diversificar los riesgos asociados a mercados específicos y aprovechar las economías de escala. Sin embargo, es fundamental enfrentar varias dificultades y considerar varios aspectos para tener éxito en esta empresa.

1. **Análisis de Mercado:** Las empresas deben llevar a cabo un análisis exhaustivo de los mercados objetivos. Esto incluye la comprensión

de las preferencias de los consumidores, las condiciones económicas, la competencia y las regulaciones locales. Un análisis FODA (Fortalezas, Oportunidades, Debilidades, Amenazas) puede ayudar a evaluar las oportunidades y riesgos asociados a mercados internacionales específicos.

2. **Adaptación Cultural:** La sensibilidad y la adaptación cultural son cruciales para el éxito internacional. Las empresas deben personalizar sus productos, servicios y estrategias de marketing para satisfacer las necesidades y expectativas de los consumidores locales. La comprensión de las diferencias culturales también puede ayudar a construir relaciones positivas con proveedores, socios comerciales y empleados locales.
3. **Estrategias de Ingreso:** Existen diversas modalidades de entrada a los mercados internacionales, como la exportación, las empresas conjuntas, alianzas estratégicas, franquicias y subsidiarias extranjeras. La elección del modo de entrada depende de factores como los recursos disponibles, el nivel de control deseado y el grado de riesgo que la empresa está dispuesta a asumir.
4. **Cadena de Suministro y Logística:** La expansión internacional requiere una gestión efectiva de la cadena de suministro y la logística.

Las empresas deben considerar factores como los costos de transporte, aranceles aduaneros, regulaciones de importación/exportación y la gestión de inventarios. La adopción de tecnologías avanzadas puede ayudar a optimizar la logística y reducir los costos.

5. **Regulaciones y Cumplimiento:** Las empresas deben navegar por el complejo marco normativo de los mercados extranjeros. Esto incluye el cumplimiento de las leyes locales, la adaptación a las regulaciones ambientales y laborales y la gestión de aspectos fiscales. El cumplimiento normativo es esencial para evitar sanciones y proteger la reputación de la empresa.
6. **Marca y Comunicación:** Una marca sólida y una comunicación efectiva son esenciales para construir confianza y atraer clientes en nuevos mercados. Las estrategias de marca deben adaptarse a las características culturales y comportamientos de los consumidores locales, mientras que los canales de comunicación deben seleccionarse en función de su penetración y relevancia en el mercado objetivo.
7. **Gestión de Personal:** La internacionalización requiere la gestión de equipos diversificados y la comprensión de prácticas laborales locales. La formación intercultural, la adaptación de las políticas de recursos humanos y la promoción de un entorno laboral inclusivo son esenciales para

motivar a los empleados y fomentar la colaboración.

8. **Sostenibilidad y Responsabilidad Social:** Las empresas deben demostrar un compromiso con la sostenibilidad y la responsabilidad social, especialmente en mercados extranjeros. El respeto de las regulaciones ambientales, la adopción de prácticas éticas y la participación en las comunidades locales pueden mejorar la imagen de la empresa y contribuir a su éxito a nivel global.
9. En resumen, la internacionalización y la globalización en el sector minorista requieren una planificación estratégica, adaptación cultural y una gestión cuidadosa de varios aspectos operativos. Las empresas que logran navegar con éxito en este contexto pueden acceder a nuevas oportunidades de crecimiento, fortalecer su posición competitiva y aumentar su resiliencia frente a los desafíos del mercado global.
10. **Evaluación de Riesgos y Oportunidades:** Antes de internacionalizarse, las empresas minoristas deben llevar a cabo una evaluación exhaustiva de riesgos y oportunidades. Esto incluye analizar la estabilidad política, los tipos de cambio, los niveles de inflación y el crecimiento económico en los mercados objetivo. Las empresas deben estar preparadas para adaptarse rápidamente a

las condiciones de mercado en evolución y mitigar los riesgos a través de estrategias adecuadas.

11. **Investigación y Desarrollo:** Invertir en investigación y desarrollo (I+D) puede ayudar a las empresas a innovar y adaptar sus productos y servicios a las necesidades específicas de los consumidores internacionales. La I+D puede conducir a una mayor diferenciación de productos, ofreciendo una ventaja competitiva en los mercados globales.
12. **Relaciones con las Partes Interesadas:** La construcción de relaciones sólidas con las partes interesadas locales, incluidos clientes, proveedores, gobiernos y socios comerciales, es fundamental. Un diálogo abierto y constructivo puede contribuir a crear un entorno favorable para los negocios y resolver cualquier conflicto de manera oportuna.
13. **Desarrollo de Habilidades Lingüísticas:** La capacidad de comunicarse efectivamente en diferentes idiomas es un activo fundamental para las empresas que operan a nivel global. La formación lingüística del personal y la contratación de empleados multilingües pueden facilitar la comunicación y mejorar la comprensión mutua.

14. Gestión Financiera: La internacionalización conlleva desafíos financieros como la gestión de los flujos de efectivo en diferentes monedas, la optimización de la estructura de capital y la mitigación de riesgos financieros. Las estrategias financieras efectivas son fundamentales para respaldar el crecimiento internacional y garantizar la estabilidad financiera de la empresa.

15. Adaptación de Canales de Distribución: Las empresas deben adaptar y optimizar sus canales de distribución según las infraestructuras, regulaciones y preferencias de los consumidores locales. La selección de distribuidores confiables y el uso efectivo de canales en línea y fuera de línea pueden mejorar la cobertura del mercado y la satisfacción del cliente.

16. Digitalización y Tecnología: La adopción de tecnologías digitales puede ayudar a las empresas a optimizar operaciones, mejorar la interacción con los clientes y recopilar datos valiosos. Plataformas de comercio electrónico, sistemas de gestión de relaciones con clientes (CRM) y soluciones de análisis de datos son herramientas esenciales para competir exitosamente a nivel global.

17. Análisis de Datos e Inteligencia de Mercado: El uso efectivo del análisis de datos e inteligencia de mercado puede proporcionar valiosos conocimientos sobre tendencias de mercado, comportamiento de los consumidores y desempeño de la competencia. Esta información puede guiar a la empresa en la toma de decisiones estratégicas y la adaptación de ofertas de productos y servicios.

18. Estrategias de Marketing Global: Desarrollar e implementar estrategias de marketing efectivas a nivel global es crucial. Esto puede incluir campañas publicitarias multicanal, eventos promocionales localizados y estrategias de marketing de contenido adaptadas a diversas culturas y grupos demográficos.

Estos puntos destacan la complejidad y multidimensionalidad del proceso de internacionalización y globalización en el sector minorista. Las empresas deben considerar una amplia gama de factores y adoptar un enfoque flexible y proactivo para navegar con éxito en los mercados internacionales.

19. Estrategias de Posicionamiento: Definir una estrategia de posicionamiento clara es fundamental para crear una identidad de marca fuerte y distintiva a nivel internacional. Esto incluye comprender cómo la marca es percibida en diferentes mercados y adaptar la comunicación de la marca para resonar con las culturas locales.

20. Normativas y Cumplimiento Local: Las empresas deben garantizar el cumplimiento de las normativas locales, que pueden variar considerablemente de un país a otro. Esto incluye leyes laborales, normas comerciales, regulaciones ambientales y requisitos fiscales. El conocimiento y la adhesión a estas normativas son cruciales para evitar sanciones legales y daños reputacionales.

21. Colaboraciones y Asociaciones: Establecer colaboraciones y asociaciones con entidades locales puede ser una estrategia efectiva para acelerar la expansión internacional. Esto puede incluir empresas conjuntas, alianzas estratégicas, franquicias y acuerdos de licencia, que pueden ofrecer acceso a recursos, habilidades y redes de distribución locales.

22. Gestión de la Cadena de Suministro: Optimizar la cadena de suministro a nivel global es un desafío fundamental. Esto incluye la gestión de proveedores, logística, producción y distribución de manera eficiente y sostenible, teniendo en cuenta las diferencias regionales en infraestructuras, costos y normativas.

23. Experiencia del Cliente y Servicio al Cliente: Ofrecer una experiencia al cliente excepcional y un servicio al cliente de alta calidad es fundamental en cualquier mercado. La adaptación de los servicios de atención al cliente a idiomas, husos horarios y expectativas locales puede aumentar la satisfacción del cliente y la lealtad a la marca.

24. Formación y Desarrollo del Personal: La formación y el desarrollo del personal son esenciales para construir un equipo competente y motivado. Las empresas deben invertir en programas de formación específicos que preparen a los empleados para los desafíos y oportunidades de la globalización.

25. Análisis de Mercado y Segmentación: Realizar un análisis de mercado detallado y definir segmentos de clientes claros son pasos esenciales para desarrollar estrategias de marketing y ventas efectivas. Comprender las necesidades, preferencias y comportamientos de compra de los consumidores locales puede ayudar a personalizar la oferta y posicionar la marca con éxito.

26. Responsabilidad Social y Sostenibilidad: Las empresas globales deben asumir la responsabilidad de sus impactos sociales y ambientales. Implementar prácticas sostenibles, promover la ética empresarial y contribuir al bienestar de las comunidades locales puede mejorar la imagen de la marca y la percepción de los consumidores.

Innovación y Diferenciación del Producto: La innovación continua y la diferenciación del producto son fundamentales para mantener una ventaja competitiva. Las empresas deben explorar nuevas ideas, tecnologías y procesos para mejorar sus productos y servicios y adaptarse a las necesidades en evolución de los consumidores globales.

Cada uno de estos puntos requiere atención especial y una estrategia específica, ya que los desafíos y oportunidades presentados por la globalización son múltiples y complejos. Las empresas deben ser flexibles, resilientes y estar listas para innovar para tener éxito en el panorama comercial internacional.

27. Adaptación Cultural: La adaptación cultural es esencial al ingresar en nuevos mercados. Las empresas deben ser conscientes de las diversidades culturales, lingüísticas, religiosas y sociales, y adaptar los productos, servicios y la comunicación en consecuencia para evitar malentendidos y respetar las sensibilidades locales.

28. Investigación y Desarrollo Localizado: La investigación y el desarrollo localizados pueden contribuir a crear productos y servicios que satisfacen las necesidades y preferencias específicas de los consumidores locales. Esto puede llevar a una oferta más competitiva y una imagen de marca más fuerte a nivel local.

29. Gestión de Riesgos: La globalización conlleva una variedad de riesgos, incluidas fluctuaciones en los tipos de cambio, inestabilidad política y diferencias en las normativas. Las empresas deben identificar y mitigar activamente estos riesgos para proteger las operaciones internacionales y mantener la estabilidad financiera.

30. Comunicación Transcultural: La capacidad de comunicarse eficazmente a través de barreras culturales es un factor clave de éxito. Las empresas deben desarrollar habilidades en comunicación transcultural entre empleados y con clientes, socios y proveedores internacionales.

31. Competitividad y Diferenciación: En un mercado global, la competitividad se incrementa. Las empresas deben buscar constantemente diferenciarse a través de la innovación, la calidad, el servicio y la sostenibilidad para mantener y ganar cuotas de mercado.

32. Digitalización y Comercio Electrónico: El uso estratégico de la tecnología digital y las plataformas de comercio electrónico es vital para llegar a los consumidores a nivel global. La digitalización puede ayudar a reducir costos, mejorar la eficiencia y ofrecer mejores servicios a clientes internacionales.

33. Estrategias de Mercado Local vs. Global: Las empresas deben equilibrar estrategias globales con enfoques localizados, adaptando la oferta y la comunicación a mercados específicos manteniendo una identidad de marca cohesiva y reconocible a nivel mundial.

34. Desarrollo de Redes y Relaciones Internacionales: Construir y mantener relaciones sólidas con socios, clientes y proveedores internacionales es fundamental. La red de contactos puede respaldar la expansión empresarial, facilitar el acceso a nuevos mercados y contribuir al intercambio de conocimientos y recursos.

Estos son solo algunos de los aspectos que las empresas deben considerar y gestionar cuidadosamente en el ámbito de la internacionalización y la globalización. Navegar con éxito en estos ámbitos requiere una planificación estratégica detallada, adaptabilidad y un compromiso a largo plazo.

35. Estrategias de Posicionamiento: Una estrategia de posicionamiento internacional adecuada es fundamental. Las empresas deben analizar cómo los consumidores de diferentes regiones perciben su marca y adaptar el posicionamiento según la cultura, valores y comportamientos de consumo locales.

36. Regímenes Fiscales e Implicaciones Financieras: La diversidad de los regímenes fiscales entre los diferentes países representa un desafío importante. Las empresas deben planificar cuidadosamente la estructura financiera y las operaciones comerciales para optimizar los impuestos y cumplir con todas las leyes fiscales locales.

37. Logística y Cadena de Suministro: La gestión de la logística y la cadena de suministro a nivel internacional es compleja. La elección de proveedores, la gestión de inventarios, los tiempos de entrega y los costos de envío deben ser optimizados para garantizar eficiencia y satisfacción del cliente.

38. Branding Multicultural: El branding debe ser culturalmente relevante en cada mercado. Las empresas deben comprender los símbolos, colores, lenguajes y valores culturales locales para crear una marca atractiva y resonante con el público internacional.

39. Análisis del Mercado e Inteligencia Competitiva: La recolección y análisis de datos sobre el mercado y la competencia son cruciales. Las empresas deben monitorear constantemente las tendencias, las preferencias de los consumidores y las estrategias de los competidores para adaptarse e innovar en tiempo real.

40. Adaptación del Producto: Dependiendo de las necesidades y expectativas locales, podría ser necesario adaptar las características del producto, el embalaje, las etiquetas y las instrucciones de uso. Esto es esencial para cumplir con las normativas locales y satisfacer a los consumidores.

41. Barreras Lingüísticas y Comunicación: Superar las barreras lingüísticas es fundamental. La traducción precisa de los materiales de marketing, la capacitación de personal multilingüe y el uso de intérpretes pueden mejorar significativamente la comunicación y la imagen de marca.

42. Innovación e Investigación Local: La inversión en innovación e investigación local es clave. Desarrollar productos y servicios que respondan a las necesidades específicas de diferentes mercados puede llevar a una ventaja competitiva y una mayor aceptación por parte de los consumidores locales.

43. Gobierno Corporativo Internacional: La adopción de buenas prácticas de gobierno corporativo a nivel internacional puede fortalecer la reputación de la empresa, mejorar las relaciones con los interesados y contribuir al éxito a largo plazo de la empresa en mercados globales.

44. Responsabilidad Ambiental: Las empresas internacionales deben considerar el impacto ambiental de sus operaciones. La adopción de prácticas sostenibles puede mejorar la imagen de marca, satisfacer la demanda de los consumidores y cumplir con las normativas ambientales locales.

45. Negociación y Relaciones Interempresariales: La capacidad de negociar efectivamente y mantener relaciones positivas con socios, distribuidores y clientes internacionales es esencial para navegar con éxito en el panorama comercial global.

Concluyendo, la internacionalización y la globalización son procesos multifacéticos que requieren una estrategia y planificación cuidadosas. Las empresas deben adoptar un enfoque holístico, considerando todos los aspectos de la expansión internacional, desde el posicionamiento de la marca hasta la adaptación del producto, desde la gestión logística hasta el análisis de mercado.

El desafío principal radica en equilibrar la uniformidad de la marca y la oferta con las especificidades de los mercados locales. La comprensión profunda de las diferencias culturales, las preferencias de los consumidores y las regulaciones locales es esencial para crear una presencia sólida y duradera en nuevos mercados. Además, es crucial considerar las implicaciones fiscales y financieras, adoptar prácticas sostenibles y responsables, y construir relaciones sólidas con proveedores, socios y clientes a nivel internacional.

Las barreras lingüísticas y las diferencias comunicativas deben abordarse con soluciones creativas y tecnológicas, asegurando que el mensaje de la marca se transmita de manera efectiva y que los valores de la empresa sean comprendidos y apreciados. La innovación y la investigación local son igualmente fundamentales para desarrollar productos y servicios que satisfagan las necesidades específicas de los consumidores de diferentes regiones.

La gobernanza corporativa internacional y la responsabilidad ambiental son otros pilares cruciales de la expansión global. Una buena gobernanza puede construir la confianza de los interesados y la sostenibilidad puede satisfacer la creciente demanda de productos y servicios ecológicamente responsables, además de garantizar el cumplimiento de las regulaciones ambientales locales.

Finalmente, el desarrollo de habilidades de negociación y la construcción de sólidas relaciones interempresariales son esenciales para el éxito en mercados internacionales diversificados. La capacidad de colaborar y negociar efectivamente puede determinar la habilidad de la empresa para acceder a nuevos mercados, optimizar la cadena de valor y navegar con éxito en el panorama comercial global.

En resumen, la internacionalización y la globalización son caminos complejos y desafiantes que requieren una estrategia bien articulada, un profundo conocimiento de los mercados locales, una ética sólida y una capacidad continua de adaptación e innovación.

18. Crisis y Oportunidades (COVID-19, Otras crisis, etc.)

El mundo de los negocios siempre ha estado sujeto a crisis y oportunidades. Las crisis, como la pandemia de COVID-19, han tenido un impacto significativo en muchas industrias, alterando profundamente los modos de trabajo, las cadenas de suministro y los comportamientos de los consumidores. La pandemia de COVID-19, en particular, ha destacado la vulnerabilidad de las cadenas de suministro globales y la importancia de la digitalización. Obligó a muchas empresas a adaptar sus modelos de negocio, acelerando la transición hacia el comercio electrónico, el trabajo remoto y la diversificación de las fuentes de suministro. Por otro lado, también ha creado nuevas oportunidades, como el aumento de la demanda de productos y servicios sanitarios, la expansión del mercado de tecnología digital y la innovación en sectores como la educación en línea y la telemedicina. Además de la pandemia, otras crisis, como las financieras, ambientales o geopolíticas, pueden tener un impacto significativo en los negocios. Estas crisis pueden generar incertidumbre y volatilidad en el mercado, pero también pueden ofrecer oportunidades para las empresas que puedan adaptarse e innovar. Por ejemplo, las crisis ambientales han estimulado el crecimiento de sectores como las energías renovables y han impulsado a las empresas a adoptar prácticas más sostenibles. Las oportunidades también surgen de la continua evolución tecnológica. Las tecnologías emergentes, como la inteligencia artificial, el blockchain y el Internet de las cosas (IoT), están transformando diversos sectores, creando nuevos mercados y modelos de negocio. Las empresas que puedan aprovechar estas tecnologías pueden obtener una ventaja competitiva y acceder a nuevas fuentes de ingresos. Además, los cambios demográficos y socio-culturales también pueden generar crisis y oportunidades. El envejecimiento de la población, el aumento de la clase media global y la creciente atención a los derechos sociales y la sostenibilidad ambiental están influyendo en la demanda de productos y servicios y moldeando las expectativas de los stakeholders. En conclusión, si bien las crisis pueden presentar desafíos e incertidumbre, también pueden actuar como catalizadores de cambio e innovación. Las empresas que sean resilientes, flexibles y capaces de anticipar y adaptarse a los cambios no solo pueden sobrevivir a las crisis, sino también beneficiarse para prosperar en nuevos entornos de mercado. La clave está en encontrar un equilibrio entre la gestión de riesgos y la exploración de nuevas oportunidades, siempre manteniéndose alineados con los valores y objetivos empresariales.

Las crisis y oportunidades en el mundo de los negocios son como dos caras de una misma moneda. Cada crisis presenta un conjunto único de desafíos, pero también puede abrir nuevas puertas a posibilidades inesperadas. Las empresas, por su naturaleza dinámica, deben estar preparadas para enfrentar el flujo

incesante de cambios y turbulencias, que pueden manifestarse en muchas formas. Tomemos, por ejemplo, las tensiones comerciales a nivel global. Estas no solo afectan las relaciones entre países, sino que también crean nuevas dinámicas de mercado. Las empresas pueden verse obligadas a reconsiderar sus estrategias de importación y exportación, buscar nuevos proveedores o diversificar sus mercados de destino. Sin embargo, también pueden aprovechar estas situaciones para acceder a nuevos mercados emergentes o para aprovechar las oportunidades ofrecidas por nuevos acuerdos comerciales. Otro ejemplo son las innovaciones tecnológicas. Si bien están transformando radicalmente sectores enteros, también pueden generar desigualdades y problemas éticos. Las empresas, por lo tanto, no solo deben estar constantemente actualizadas sobre las últimas tendencias tecnológicas, sino también reflexionar sobre su impacto social y ético, adaptando sus prácticas y estrategias en consecuencia. La creciente conciencia y preocupación por el cambio climático y la sostenibilidad están llevando a las empresas a repensar sus modelos de negocio. La transición hacia una economía baja en carbono ofrece nuevas oportunidades de inversión en energías renovables, movilidad sostenible y tecnologías verdes. Al mismo

tiempo, las empresas deben enfrentar crecientes presiones por parte de los stakeholders, que exigen mayor transparencia y responsabilidad.
La demografía es otro factor crucial. El crecimiento de la población en ciertas regiones del mundo y la urbanización están generando nuevas dinámicas de mercado, pero también desafíos como la congestión urbana, la contaminación y la presión sobre los recursos naturales. Las empresas pueden encontrar oportunidades en nuevos segmentos de mercado y en las crecientes demandas de los consumidores urbanos, pero también deben considerar el impacto ambiental y social de sus actividades.
La diversificación es una estrategia clave para navegar estas aguas turbulentas. Las empresas que diversifican sus productos, servicios y mercados suelen ser más resilientes en tiempos de crisis y están mejor posicionadas para aprovechar nuevas oportunidades. Invertir en investigación y desarrollo, capacitación del personal y relaciones con los stakeholders son todos elementos esenciales para construir una empresa resistente e innovadora.
Además, la gestión efectiva de las relaciones con los clientes durante los períodos de crisis es vital. Las empresas deben comunicarse de manera clara y transparente, demostrando empatía y

apoyo. La fidelización del cliente en tiempos difíciles puede fortalecer la reputación de la empresa y contribuir a su recuperación y crecimiento a largo plazo.
La cultura empresarial y el liderazgo también juegan un papel crucial. Una cultura que fomente la colaboración, el aprendizaje y la adaptabilidad puede ayudar a las empresas a sortear desafíos y aprovechar oportunidades emergentes. El liderazgo efectivo es aquel capaz de guiar con visión y determinación, inspirando confianza y motivación en momentos de incertidumbre.
Finalmente, aunque no menos importante, el acceso a financiamiento y recursos puede marcar la diferencia entre la supervivencia y el fracaso en tiempos de crisis. La gestión prudente de las finanzas, la búsqueda de nuevas fuentes de financiamiento y la diversificación de los riesgos financieros son estrategias clave para garantizar la sostenibilidad financiera de las empresas.
Estos son solo algunos de los aspectos que las empresas deben considerar en el contexto de las crisis y las oportunidades. Los desafíos son múltiples y complejos, pero con la estrategia adecuada, la visión y los recursos, las empresas no solo pueden superar las crisis, sino también emerger más fuertes y resilientes.
Cada crisis, como la desencadenada por la pandemia de COVID-19, obliga a las empresas a

reflexionar profundamente sobre cómo enfrentar situaciones sin precedentes. La pandemia aceleró la transición hacia lo digital, obligando a muchas empresas a replantear la forma en que operan, se comunican y venden sus productos o servicios. Surgió una nueva necesidad de agilidad y flexibilidad, lo que llevó a las empresas a explorar nuevos modelos de negocio, como el comercio electrónico, el trabajo remoto y soluciones basadas en tecnología.

En respuesta a estos desafíos, muchas empresas tuvieron que reinventarse. Adoptaron tecnologías avanzadas como la inteligencia artificial, la robótica y la cadena de bloques para mejorar la eficiencia operativa, reducir costos y crear nuevas oportunidades de mercado. La digitalización también llevó a la creación de nuevos modelos de negocio, como la economía de suscripción, que permite a las empresas generar flujos de ingresos recurrentes y construir relaciones más estrechas con los clientes.

La adaptación rápida fue fundamental para la supervivencia de las empresas durante la pandemia. Tuvieron que gestionar la cadena de suministro de manera más eficiente, optimizar los recursos, reducir costos y encontrar nuevas formas de interactuar con los clientes. La pandemia también destacó la importancia de la resiliencia y la preparación para las crisis, ya que las empresas con planes de continuidad operativa y estrategias de gestión de riesgos bien estructuradas pudieron enfrentar mejor los desafíos.

Por otro lado, la crisis ha abierto nuevas oportunidades en sectores como la salud digital, la educación en línea, la logística y la entrega. Las empresas que pudieron identificar y aprovechar estas oportunidades lograron expandir sus mercados y aumentar sus ganancias. La diversificación de productos y servicios, la innovación y el acceso a nuevos mercados se han convertido en factores clave para el éxito en un entorno empresarial en constante cambio.

Además, la sostenibilidad se ha vuelto una prioridad aún más relevante durante la crisis. Las empresas son cada vez más instadas a responder a las crecientes expectativas de los consumidores, inversionistas y la sociedad en general en cuanto a la responsabilidad ambiental, social y de gobernanza (ESG). La transición hacia modelos de negocio más sostenibles y responsables no solo puede ayudar a las empresas a mitigar los riesgos asociados al cambio climático y a las desigualdades sociales, sino también a crear ventajas competitivas y oportunidades de crecimiento.

Asimismo, las alianzas y colaboraciones han resultado esenciales para superar los desafíos de la crisis. Las empresas han buscado establecer alianzas estratégicas con socios complementarios para ampliar su presencia en el mercado, acceder a nuevas habilidades y recursos, y compartir riesgos. Estas colaboraciones han permitido a las empresas acelerar la innovación, ingresar en nuevos mercados y responder de manera más efectiva a las necesidades de los clientes.

Finalmente, la gestión de las personas es otro aspecto crucial que la crisis ha resaltado. Las empresas han tenido que encontrar nuevas formas de apoyar a sus empleados, fomentar el bienestar y la productividad, y adaptarse a nuevos modelos de trabajo. El liderazgo empático, la comunicación efectiva y la formación continua se han convertido en habilidades clave para guiar a las organizaciones en momentos de incertidumbre y para construir una cultura empresarial resistente e inclusiva.

Estas consideraciones ilustran la complejidad y multidimensionalidad de las crisis y las oportunidades en el contexto empresarial. Si bien cada crisis conlleva una cuota inevitable de desafíos e incertidumbres, también puede ser un catalizador de cambio e innovación, ofreciendo a las empresas la posibilidad de aprender, adaptarse y crecer.

En conclusión, la gestión de las crisis y la identificación de oportunidades son tareas esenciales en el panorama empresarial actual, particularmente resaltadas por los desafíos planteados por la pandemia de COVID-19. La crisis ha revelado la importancia de la agilidad, la innovación y la adaptabilidad, empujando a las empresas a repensar sus modelos de negocio, adoptar nuevas tecnologías y diversificar productos y servicios. Las empresas que se han adaptado rápidamente, gestionado eficazmente la cadena de suministro, optimizado los recursos y reinventado la forma de interactuar con los clientes han demostrado una mayor resiliencia. Además, el énfasis en la sostenibilidad y la responsabilidad social empresarial se ha vuelto central, con una creciente atención a las prácticas de ESG (Ambiental, Social y de Gobernanza) y la necesidad de adoptar modelos de negocio éticos y sostenibles. Este cambio no solo contribuye a mitigar los riesgos asociados al cambio climático y a las desigualdades sociales, sino que también genera ventajas competitivas, fortaleciendo la imagen empresarial y creando valor a largo plazo para los stakeholders.

Las oportunidades emergentes en sectores como la salud digital, la educación en línea y la logística han abierto nuevos horizontes para empresas proactivas. Identificar y aprovechar tales oportunidades requiere, sin embargo, una comprensión profunda del mercado, una visión estratégica y la capacidad de innovar continuamente. La formación y el desarrollo de habilidades de los empleados, junto con un liderazgo empático e inclusivo, son fundamentales para construir una organización resistente y lista para navegar en un ambiente en constante cambio.

La importancia de las asociaciones y colaboraciones estratégicas también se ha fortalecido, demostrando que unir fuerzas con otros actores del mercado puede acelerar la innovación, compartir riesgos y acceder a nuevas habilidades y recursos. En un mundo cada vez más interconectado y dinámico, la colaboración y la co-creación se vuelven esenciales para el éxito a largo plazo.

Finalmente, la crisis ha subrayado la necesidad de una preparación y gestión de crisis precisa. Las empresas con planes de continuidad operativa bien estructurados y estrategias de gestión de riesgos efectivas pudieron navegar a través de la incertidumbre y posicionarse de manera ventajosa para el futuro. La resiliencia organizativa, la flexibilidad y la capacidad de aprendizaje continuo se han convertido en habilidades clave para enfrentar los desafíos futuros y aprovechar las oportunidades emergentes.

Este panorama general sugiere que, aunque las crisis pueden presentar desafíos significativos, también representan momentos de aprendizaje y crecimiento. Con el enfoque estratégico adecuado, las empresas no solo pueden superar las adversidades, sino también emerger más fuertes, más resilientes y más sostenibles.
Rigenera

19. Innovaciones de Producto

Las innovaciones de producto representan un elemento crucial para el crecimiento y el éxito de una empresa en el actual mercado altamente competitivo y en constante evolución. Estas innovaciones pueden adoptar diversas formas, que incluyen mejoras significativas en las características existentes, la introducción de nuevas funcionalidades o la creación de productos completamente nuevos que satisfacen una necesidad insatisfecha en el mercado.

1. **Tecnología y Materiales:** La adopción de nuevas tecnologías y materiales puede llevar a productos más eficientes, sostenibles y efectivos. Por ejemplo, el uso de materiales biodegradables puede reducir el impacto ambiental, mientras que la integración de la tecnología IoT (Internet de las Cosas) puede hacer que los productos sean más inteligentes y conectados.
2. **Diseño Centrado en el Usuario:** Un enfoque centrado en el usuario en el diseño del producto

puede conducir a soluciones más ergonómicas, intuitivas y satisfactorias para el consumidor. La investigación y el análisis de las necesidades y comportamientos de los usuarios son fundamentales en este proceso.

3. **Sostenibilidad:** La atención a la sostenibilidad se ha vuelto cada vez más importante. Las innovaciones que reducen la huella ecológica, utilizan recursos renovables y minimizan el desperdicio pueden atraer a consumidores conscientes y crear una ventaja competitiva.
4. **Personalización:** La posibilidad de personalizar los productos según las preferencias individuales del consumidor es una tendencia en crecimiento. La tecnología ha permitido niveles de personalización sin precedentes, desde productos hechos a medida hasta soluciones modulares.
5. **Inteligencia Artificial y Aprendizaje Automático:** La integración de IA y ML puede hacer que los productos sean más inteligentes, mejorando su rendimiento, personalización y capacidad de adaptarse a las necesidades de los usuarios.
6. **Soluciones Omnicanal:** Diseñar productos que se integren en un ecosistema omnicanal puede mejorar la experiencia del cliente y aumentar la fidelidad a la marca. Esto es

particularmente relevante en sectores como el retail y los servicios.

7. **Colaboraciones y Asociaciones:** Colaborar con otras empresas, universidades o centros de investigación puede llevar a innovaciones de producto únicas, combinando habilidades y recursos diversos.
8. **Agilidad y Velocidad de Implementación:** La capacidad de innovar rápidamente y llevar nuevos productos al mercado en tiempos cortos es un factor clave para el éxito, especialmente en sectores con alta velocidad de evolución como la tecnología y la moda.
9. **Investigación y Desarrollo (I+D):** Las inversiones consistentes en I+D son esenciales para desarrollar nuevas ideas, probar conceptos y prototipar soluciones innovadoras. La cultura de la innovación dentro de la organización es un impulsor fundamental en este ámbito.
10. **Retroalimentación y Participación del Cliente:** Escuchar los comentarios de los clientes e involucrarlos en el proceso de desarrollo del producto puede conducir a soluciones más alineadas con sus necesidades y expectativas, aumentando así la satisfacción y la fidelidad.
11. **Big Data y Análisis:** El análisis de datos puede ofrecer valiosas ideas sobre las tendencias del mercado, los comportamientos de los

consumidores y las oportunidades de innovación, guiando el desarrollo de productos más enfocados y competitivos.

En conclusión, la innovación de producto es un proceso complejo y multifacético que requiere una comprensión profunda del mercado, una sólida cultura de innovación, la adopción de nuevas tecnologías y un enfoque centrado en el usuario. Las empresas que logran innovar de manera efectiva son aquellas que combinan visión estratégica, creatividad, investigación y desarrollo, escucha al cliente y agilidad operativa, posicionándose ventajosamente en el actual panorama competitivo.

La innovación de productos no se detiene simplemente en la ideación y creación de nuevos artículos; es más bien un torbellino de continua evolución, requiriendo una inmersión profunda en las dinámicas del mercado y una búsqueda constante de excelencia. La atención a la diversificación de líneas de productos, la experimentación con nuevos modelos de negocios y la observación constante de las necesidades en constante evolución de los consumidores son estrategias que alimentan el motor de la innovación.

Valor Agregado y Diferenciación: Es fundamental que cada nuevo producto aporte un valor agregado al consumidor, ofreciendo algo único que lo diferencie de la competencia. Esto podría significar mejorar la calidad, ofrecer un diseño único o integrar funcionalidades innovadoras que respondan a necesidades específicas del mercado.
Validación del Mercado: Antes de proceder con la producción en masa, las empresas a menudo realizan una fase de validación del mercado. Este proceso implica probar el producto en una muestra de consumidores para recopilar comentarios y evaluar su aceptación en el mercado. La validación puede ayudar a identificar posibles mejoras y optimizar el producto antes del lanzamiento oficial.
Adaptación Cultural: En la era de la globalización, la adaptación cultural de los productos es de crucial importancia. Las empresas deben ser conscientes de las diversas culturas y preferencias locales, adaptando los productos en consecuencia para garantizar su éxito en mercados diversificados.
Planificación del Ciclo de Vida del Producto: La gestión del ciclo de vida del producto es otro aspecto crítico. Desde la introducción hasta el crecimiento, la madurez y finalmente el declive, cada fase del ciclo de vida

requiere estrategias de marketing, producción y gestión de inventario diferentes. La innovación puede implicar revigorizar productos existentes, extendiendo su vida en el mercado.

Gestión del Riesgo: Innovar siempre conlleva un cierto grado de riesgo. Las empresas deben equilibrar la aspiración por la innovación con una evaluación precisa de los riesgos asociados. Esto incluye evaluar posibles repercusiones negativas, gestionar la incertidumbre y estar preparados para escenarios imprevistos.

Interdisciplinariedad y Competencias Mixtas: La innovación de productos requiere un enfoque interdisciplinario que combine diversas competencias, desde investigación y desarrollo hasta diseño, marketing y logística. Crear equipos diversos y fomentar la colaboración entre diferentes áreas de la empresa puede estimular la creatividad y generar soluciones innovadoras.

Flexibilidad y Escalabilidad: La flexibilidad y la escalabilidad son elementos clave en el proceso de innovación. Las empresas deben estar listas para adaptarse a los cambios del mercado y tener la capacidad de escalar rápidamente la producción en respuesta a la demanda.

Protección de la Propiedad Intelectual: La protección de ideas innovadoras a través de patentes, marcas y derechos de autor es fundamental para mantener una ventaja competitiva y asegurar el retorno de la inversión.

Ética y Responsabilidad: Finalmente, pero no menos importante, las innovaciones de producto deben realizarse de manera ética y responsable, considerando las implicaciones sociales, ambientales y éticas. El respeto a los derechos humanos, la protección del medio ambiente y la atención al impacto social del producto son factores que pueden influir en la aceptación del producto por parte de los consumidores y la imagen de la empresa.

Así, las innovaciones de producto resultan ser un camino complejo y multifacético, que requiere una visión de 360 grados y un enfoque holístico, considerando no solo los aspectos técnicos y comerciales, sino también las implicaciones éticas y culturales.

La innovación de producto trasciende incluso los límites de un solo sector, abrazando tecnologías emergentes y aplicaciones transversales. Cada innovación de producto puede considerarse como una pequeña revolución que cambia el paradigma existente y abre nuevas posibilidades y horizontes.

Desarrollo Sostenible: Un área en crecimiento en la innovación de productos es el desarrollo sostenible. Las empresas están explorando cada vez más formas de producir bienes de manera más ecológica, utilizando materiales reciclables o biodegradables y reduciendo el uso de recursos no renovables. El objetivo es reducir la huella ecológica y crear productos que estén en armonía con el medio ambiente y la sociedad.

Integración Tecnológica: La incorporación de nuevas tecnologías en los productos es otro elemento clave de la innovación. Ya sea inteligencia artificial, Internet de las cosas, o realidad aumentada y virtual, la integración de tecnologías avanzadas puede mejorar las funcionalidades de los productos y ofrecer experiencias únicas a los usuarios.

Personalización y Adaptación: La tendencia a la personalización está ganando terreno. Los consumidores desean productos que se adapten a sus necesidades y preferencias individuales. La capacidad de ofrecer productos a medida o opciones de personalización puede ser un diferenciador fuerte en el mercado.

Colaboraciones y Asociaciones: Las colaboraciones entre empresas y la formación de asociaciones pueden llevar a innovaciones de productos sinérgicas. Al unir habilidades y recursos, las empresas pueden desarrollar productos que van más allá de lo que podrían lograr individualmente. Las colaboraciones pueden ocurrir no solo con otras empresas, sino también con universidades, centros de investigación y startups innovadoras.

Análisis de Big Data: El análisis de big data juega un papel crucial en la identificación de nuevas oportunidades de innovación de producto. A través del análisis de grandes cantidades de datos, las empresas pueden identificar tendencias emergentes, comprender mejor las necesidades de los consumidores y prever futuros desarrollos del mercado.

Retroalimentación e Involucramiento del Cliente: La participación de los clientes en el proceso de innovación es fundamental. Recopilar comentarios, escuchar las necesidades y opiniones de los consumidores puede proporcionar valiosos aportes para el desarrollo de nuevos productos. Las empresas están adoptando enfoques de co-creación, involucrando a los clientes en la fase de ideación y desarrollo del producto.

Agilidad e Iteración: Adoptar un enfoque ágil e iterativo en el desarrollo de productos puede acelerar el proceso de innovación. Experimentar, probar, hacer prototipos, recibir retroalimentación y realizar mejoras continuas permite adaptar el producto a las necesidades en evolución del mercado y reduce el riesgo de fracaso.

Competencia y Análisis Comparativo: Finalmente, observar a la competencia y realizar análisis comparativos puede ofrecer ideas valiosas para la innovación de productos. Estudiar los productos de los competidores, identificar sus fortalezas y debilidades, y tratar de superarlos puede ser un poderoso estímulo para la innovación. De esta manera, la innovación de productos se presenta como un mosaico de factores e influencias que, bien orquestados, pueden llevar al éxito en el mercado y fortalecer la posición competitiva de la empresa. En el contexto de la innovación de productos, también es fundamental considerar la importancia de la propiedad intelectual, el pensamiento de diseño y la importancia de un enfoque multidisciplinario.
Propiedad Intelectual: La protección de la propiedad intelectual es crucial para salvaguardar las innovaciones. Patentes, marcas y derechos de autor son herramientas esenciales para proteger las ideas y asegurar que la empresa pueda obtener el máximo beneficio de sus innovaciones. La gestión efectiva de la propiedad intelectual también puede facilitar la colaboración y las licencias, permitiendo a las

empresas expandir el alcance de sus innovaciones.

Pensamiento de Diseño: El pensamiento de diseño es un enfoque que pone las necesidades humanas en el centro y enfoca el proceso de desarrollo del producto en la resolución de los problemas reales de los usuarios. A través de la empatía, la definición del problema, la ideación, la prototipación y las pruebas, el pensamiento de diseño permite desarrollar soluciones innovadoras que realmente respondan a las necesidades de las personas.

Enfoque Multidisciplinario: La innovación de productos se beneficia enormemente de un enfoque multidisciplinario. Involucrar a expertos de diversas disciplinas, desde ingenieros a diseñadores, desde especialistas en marketing a científicos de datos, puede llevar a soluciones más completas y bien pensadas. La intersección de diversas áreas de conocimiento es a menudo el terreno fértil donde nacen las ideas más innovadoras.

Investigación y Desarrollo: Invertir en investigación y desarrollo es otro pilar fundamental de la innovación de productos. La I+D permite explorar nuevas tecnologías, materiales y metodologías, sentando las bases para el desarrollo de productos de vanguardia. Las empresas líderes en innovación tienden a asignar una parte significativa de sus recursos a la I+D.

Tendencias de Mercado y Análisis Competitivo: Mantenerse al día con las tendencias del mercado y realizar análisis competitivos regulares son prácticas esenciales para identificar oportunidades de innovación. Comprender las dinámicas del mercado y anticipar cambios en la demanda de los consumidores puede otorgar a las empresas una ventaja competitiva y orientar el desarrollo de nuevos productos.

Ciclo de Vida del Producto: Gestionar eficazmente el ciclo de vida del producto es esencial. Desde la concepción hasta la producción, desde el lanzamiento al retiro del mercado, cada fase del ciclo de vida requiere una gestión cuidadosa para maximizar el éxito del producto. La innovación puede ocurrir en cada fase del ciclo de vida, mejorando la eficiencia, la calidad y la relevancia del producto en el mercado.

Adopción de Tecnologías Emergentes: Explorar y adoptar tecnologías emergentes puede abrir nuevas posibilidades de innovación. El blockchain, la impresión 3D, la robótica avanzada y la nanotecnología son solo algunas de las tecnologías que están revolucionando diferentes sectores y ofreciendo nuevas

oportunidades para el desarrollo de productos innovadores.
Ecosistema de Innovación: Finalmente, la creación y participación en un ecosistema de innovación, que incluye incubadoras, aceleradoras, universidades, centros de investigación y otras empresas innovadoras, puede estimular la generación de ideas y facilitar el acceso a recursos y habilidades esenciales para la innovación de productos. En este panorama, la innovación de productos se convierte en un viaje complejo y multifacético, rico en desafíos y oportunidades, donde la creatividad, el conocimiento, la colaboración y la visión estratégica son ingredientes clave para el éxito.

Colaboración con los Clientes: La interacción y colaboración con los clientes durante el proceso de desarrollo del producto puede llevar a resultados sorprendentes. La perspectiva de los clientes puede ofrecer una valiosa visión y contribuir a dar forma a un producto que realmente satisfaga sus necesidades y expectativas.
Inteligencia Artificial y Big Data: El uso de inteligencia artificial y big data puede proporcionar información invaluable sobre el comportamiento de los consumidores, guiando a las empresas en el desarrollo de productos

personalizados. Estas tecnologías permiten analizar enormes cantidades de datos para identificar patrones y tendencias, lo que puede informar decisiones estratégicas y mejorar la efectividad de las innovaciones.

Pruebas y Validación: Una fase cuidadosa de pruebas y validación es esencial para asegurar que el producto esté listo para el mercado. Esta fase permite identificar y resolver posibles problemas, asegurando que el producto final cumpla con los estándares de calidad y las expectativas de los consumidores.

Financiamiento Colectivo y Plataformas de Financiamiento: El crowdfunding se ha convertido en un medio cada vez más popular para financiar la innovación de productos. Plataformas como Kickstarter e Indiegogo permiten a las empresas presentar sus ideas a una audiencia global, obteniendo financiación y validación del mercado antes del lanzamiento efectivo del producto.

Análisis del Retorno de la Inversión: Evaluar cuidadosamente el retorno de la inversión (ROI) es crucial para cada innovación de productos. Un análisis exhaustivo del ROI ayuda a las empresas a comprender el valor generado por la innovación y a gestionar eficazmente los recursos.

Formación y Desarrollo de Habilidades: La formación continua y el desarrollo de habilidades en los equipos de desarrollo de productos son fundamentales. Fomentar un entorno de aprendizaje y mejorar las habilidades puede mejorar la creatividad y la productividad, contribuyendo al éxito de la innovación de productos.

Cada uno de estos elementos contribuye a esbozar el complejo panorama de la innovación de productos, subrayando la importancia de un enfoque holístico y bien considerado para navegar con éxito en este campo.

Conclusión: En resumen, la innovación de productos representa un conjunto complejo y multifacético de actividades, procesos y estrategias que van mucho más allá de la simple creación de un nuevo artículo. Es un proceso dinámico y en constante evolución que requiere un enfoque integral y una visión a largo plazo para garantizar el éxito en el mercado actual y futuro.

Integración Multidisciplinaria: Un factor clave de la innovación de productos es la integración multidisciplinaria, involucrando diferentes áreas como diseño, ingeniería, marketing y ventas. Esta sinergia entre diferentes disciplinas garantiza que cada aspecto del producto esté optimizado y alineado con los objetivos generales de la empresa.

Agilidad y Velocidad de Ejecución: La agilidad organizativa y la rapidez en la implementación son vitales para mantenerse al día con la competencia y responder rápidamente a las necesidades del mercado. Las empresas deben ser capaces de acelerar los ciclos de desarrollo de productos manteniendo altos estándares de calidad y conformidad.

Investigación y Desarrollo (I+D): Las inversiones en investigación y desarrollo son esenciales para alimentar la innovación y mantener una ventaja competitiva. La I+D permite a las empresas explorar nuevas tecnologías, materiales y metodologías, sentando las bases para el desarrollo de productos revolucionarios.

Experiencia del Cliente: La experiencia del cliente debe estar en el centro del proceso de innovación. La comprensión de las expectativas, necesidades y deseos de los clientes es fundamental para desarrollar productos verdaderamente atractivos y que ofrezcan valor agregado.

Propiedad Intelectual: La gestión y protección de la propiedad intelectual son fundamentales para salvaguardar las innovaciones de la empresa. Patentes, marcas y derechos de autor representan herramientas esenciales para proteger las inversiones en innovación y prevenir la imitación por parte de los competidores.

Medición y Evaluación del Éxito:

Finalmente, es imperativo establecer métricas e indicadores de rendimiento claros para medir y evaluar el éxito de la innovación de productos. Esto incluye no solo la evaluación de las ventas y los beneficios, sino también el análisis del impacto en la marca, la cuota de mercado y la satisfacción del cliente.

En resumen, la innovación de productos es un camino complejo y multifacético que requiere una estrategia bien articulada, un compromiso constante y una visión proactiva. Las empresas que logran navegar con éxito en este camino son aquellas que adoptan un enfoque integrado, valoran la colaboración multidisciplinaria y están siempre listas para adaptarse a los cambios, manteniendo al mismo tiempo un fuerte compromiso con la calidad, la sostenibilidad y la satisfacción del cliente.

20. Empaque y Etiquetado

El empaque y la etiqueta son aspectos esenciales en la gestión de productos y marketing. No se trata solo de proteger y preservar el producto, sino también de comunicar efectivamente la marca y la información al consumidor, influyendo en la percepción del valor y la decisión de compra.

Funciones Principales: Las funciones principales del empaque incluyen proteger el producto durante el transporte y la distribución, preservar las propiedades y la funcionalidad del producto, y facilitar el uso por parte del consumidor. Mientras tanto, la etiqueta tiene la tarea de proporcionar información esencial sobre el producto, como ingredientes, instrucciones de uso, advertencias e información normativa.

Comunicación de la Marca: El diseño del empaque es una poderosa herramienta de comunicación de marca. Colores, formas, materiales y gráficos desempeñan un papel crucial en la posición del producto y en la creación de un vínculo emocional con el consumidor. Un empaque bien diseñado puede aumentar la visibilidad del producto en los estantes y destacarse entre la competencia.

Sostenibilidad Ambiental: La creciente conciencia ambiental ha llevado a un renovado interés en el empaque sostenible. Los materiales reciclables, biodegradables y de bajo impacto ambiental son cada vez más buscados por consumidores conscientes. Por ende, las empresas están adoptando soluciones de empaque ecológicas para satisfacer la demanda y reducir el impacto ecológico.

Regulaciones y Normativas: Las regulaciones relacionadas con el empaque y la etiqueta son estrictas y varían según el país y el tipo de producto. Etiquetas claras, completas y conformes son esenciales para evitar sanciones legales y garantizar la seguridad y la información del consumidor.

Tecnología e Innovación: La innovación tecnológica ha introducido nuevas soluciones en el campo del empaque, como la realidad aumentada, códigos QR y empaques inteligentes que pueden interactuar con el consumidor y proporcionar información adicional y experiencias interactivas.

Pruebas de Mercado y Retroalimentación del Consumidor: Realizar pruebas de mercado y recopilar comentarios de los consumidores es fundamental para optimizar el diseño del empaque y garantizar que cumpla con las expectativas y necesidades del público objetivo.

Este proceso puede llevar a mejoras y adaptaciones que aumenten la aceptación del producto en el mercado.

Costos y Eficiencia Logística: Finalmente, la gestión de costos y la eficiencia logística son aspectos cruciales en el diseño del empaque. La elección de materiales, la forma y el tamaño del empaque influyen no solo en los costos de producción, sino también en la facilidad de transporte, almacenamiento y exposición del producto.

Al seguir explorando este amplio tema, se destacan más facetas y consideraciones que reflejan la complejidad y la importancia del papel del empaque y la etiqueta en el panorama comercial contemporáneo.

Valor Agregado y Diferenciación: Un aspecto relevante del empaque es su capacidad para agregar valor al producto. A través de la creatividad y el diseño, el empaque puede crear una experiencia única para el consumidor, fomentando la diferenciación en el mercado. La percepción de singularidad y calidad puede impulsar la preferencia del consumidor y justificar un precio premium.

Empaque Multisensorial: La experiencia multisensorial es un concepto emergente en el diseño del empaque. La combinación de texturas, colores, sonidos y olores puede estimular los sentidos del consumidor, creando un recuerdo duradero e influyendo en la percepción del producto. La búsqueda continua de materiales innovadores y técnicas de impresión avanzadas contribuye al desarrollo de empaques que atraen e involucran al consumidor en múltiples niveles sensoriales.

Rastreabilidad y Seguridad: La trazabilidad del producto es un elemento clave, especialmente en sectores como el alimentario y el farmacéutico. La integración de tecnologías como RFID y blockchain en el empaque permite rastrear el origen, la distribución y la historia del producto, garantizando autenticidad y seguridad. Estas soluciones tecnológicas ayudan a prevenir la falsificación y fortalecen la confianza del consumidor.

Personalización y Ediciones Limitadas: La personalización del empaque es una tendencia en crecimiento que responde al deseo de los consumidores de productos únicos y distintivos. El lanzamiento de ediciones limitadas, empaques conmemorativos y diseños personalizados permite crear un sentido de exclusividad, estimulando el interés y la curiosidad del mercado. Esta estrategia puede ser particularmente efectiva en el lanzamiento de nuevos productos o en el aumento de las ventas en ocasiones especiales.

Concienciación e Información del Consumidor: El empaque y la etiqueta son herramientas efectivas para concienciar al consumidor sobre temas como la sostenibilidad ambiental, la salud y el bienestar. La transparencia y claridad en la información proporcionada pueden educar al consumidor e influir en decisiones conscientes. El uso de símbolos, certificaciones y mensajes educativos contribuye a establecer un diálogo entre la marca y el consumidor, construyendo una relación basada en la confianza y valores compartidos.
Diseño Inclusivo y Accesibilidad: Otro aspecto importante en el diseño del empaque es la inclusividad y la accesibilidad. Diseñar empaques fáciles de abrir, usar y leer es esencial para garantizar la accesibilidad a todos los consumidores, incluidos los adultos mayores y las personas con discapacidad. La atención a las necesidades de diferentes grupos de consumidores puede mejorar la reputación de la marca y ampliar el mercado objetivo.
Respuesta a las Tendencias del Mercado: Finalmente, es fundamental que el empaque y la etiqueta puedan adaptarse y responder a las tendencias del mercado en constante cambio. El análisis del mercado y la monitorización de tendencias emergentes permiten anticipar

cambios en el comportamiento del consumidor y desarrollar soluciones de empaque innovadoras y alineadas con las expectativas del mercado.

La multifuncionalidad del empaque y la etiqueta, la intersección con diversas áreas de la gestión empresarial y la capacidad de influir en la percepción y el comportamiento del consumidor, lo convierten en un elemento estratégico en la definición del éxito de un producto en el mercado contemporáneo.

Sostenibilidad y Materiales Ecológicos: En la era de la creciente conciencia ambiental, el empaque sostenible se ha vuelto un imperativo. Las empresas están explorando el uso de materiales biodegradables, reciclables y renovables para reducir el impacto ambiental. El uso de tintas ecológicas, adhesivos menos contaminantes y procesos de producción con bajo consumo de energía contribuye a crear un sistema de empaque más verde.

Innovación y Tecnología: El sector del empaque está en constante evolución gracias a la introducción de nuevas tecnologías y procesos innovadores. La realidad aumentada, por ejemplo, puede incorporarse al empaque para ofrecer una experiencia interactiva al consumidor, proporcionando contenido adicional, promociones o información. La impresión 3D también está revolucionando la producción de empaques, permitiendo mayor personalización y flexibilidad en el diseño.

Cumplimiento Normativo: Es fundamental que el empaque y las etiquetas cumplan con las normativas locales e internacionales. La conformidad con las leyes de seguridad alimentaria, la etiquetación de productos químicos y las restricciones sobre los materiales utilizados son cruciales para evitar sanciones legales y daños a la reputación de la empresa. El conocimiento y la actualización constante de la legislación son aspectos esenciales.

Comunicación de la Marca: El empaque es una de las herramientas de comunicación más directas entre la marca y el consumidor. Refleja la personalidad de la marca, sus valores y su misión. Un empaque bien diseñado puede contar una historia, transmitir emociones y crear un vínculo emocional con el consumidor, influyendo en la lealtad a la marca y en las decisiones de compra.

Adaptabilidad y Versatilidad: La adaptabilidad del empaque es crucial en un mercado en rápida evolución. Las empresas deben ser capaces de adaptar rápidamente el empaque a nuevos formatos, tamaños y canales de distribución. La versatilidad en el diseño permite responder rápidamente a cambios en la demanda, a las necesidades de personalización y a los requisitos de distribución.

Eficiencia en la Cadena de Suministro: El diseño del empaque también influye en la eficiencia de la cadena de suministro. El diseño de empaques que optimicen el espacio en el transporte, que sean resistentes a los daños y faciliten la manipulación y el almacenamiento puede reducir los costos logísticos y minimizar el impacto ambiental.

Investigación y Desarrollo: Invertir en investigación y desarrollo es vital para mantener el ritmo con la innovación en el campo del empaque. Explorar nuevos materiales, probar nuevas soluciones de diseño y desarrollar nuevos procesos de producción puede llevar a descubrimientos revolucionarios y conferir una ventaja competitiva sostenible.

Retroalimentación de los Consumidores: Escuchar la retroalimentación de los consumidores es esencial para desarrollar empaques que satisfagan sus necesidades y expectativas. Las redes sociales, las reseñas en línea y las encuestas son herramientas valiosas para recopilar opiniones y sugerencias que pueden guiar las decisiones de diseño y mejorar la percepción del producto.

Estos elementos, junto con los ya mencionados, destacan la complejidad y la

importancia del empaque y la etiqueta en el panorama empresarial actual, resaltando cómo cada detalle puede tener un impacto significativo en el rendimiento del producto y en la relación con el consumidor.

En el mundo moderno y dinámico del packaging y la etiquetación, siempre surgen nuevas tendencias y desafíos. La creciente demanda de transparencia y trazabilidad por parte de los consumidores está llevando a las empresas a implementar sistemas avanzados de etiquetado y codificación. Tecnologías como los códigos QR y RFID permiten a los consumidores acceder a información detallada sobre el producto, su origen y su sostenibilidad, contribuyendo a generar confianza y fidelidad.

Al mismo tiempo, la aparición de nuevos modelos de consumo y canales de distribución, como el comercio electrónico, plantea desafíos únicos en términos de packaging. La necesidad de un packaging resistente que proteja el producto durante el transporte, pero al mismo tiempo sea fácil de abrir para el consumidor, es un delicado equilibrio que alcanzar. Además, el diseño del packaging debe considerar la experiencia de desempaquetado (unboxing), la cual está cada vez más valorada por los consumidores en línea.

La personalización es otra tendencia clave en la industria del packaging. La capacidad de crear un packaging único y personalizado puede ayudar a las empresas a diferenciarse de la competencia y a establecer una relación más estrecha con los consumidores. Las tecnologías de impresión digital están haciendo que la personalización sea más accesible y económica, incluso para pequeñas tiradas.

No se debe subestimar la importancia de la psicología del color en el packaging. Los colores pueden influir en las emociones y decisiones de compra de los consumidores. Un conocimiento profundo de la psicología del color y cómo reaccionan los consumidores a diferentes colores puede contribuir a crear un packaging que llame la atención y comunique eficazmente el mensaje de la marca.

El packaging inteligente y conectado representa el futuro del sector. La integración de sensores, chips y otras tecnologías en el packaging permitirá monitorear las condiciones del producto, rastrear su ubicación y comunicar información en tiempo real. Esta evolución tecnológica podría revolucionar sectores como el alimentario y farmacéutico, donde la conservación del producto es crucial.

Finalmente, la colaboración con diseñadores, artistas e influencers puede abrir nuevas posibilidades creativas y ofrecer perspectivas únicas en el diseño del packaging. Estas asociaciones pueden resultar en un packaging artístico e innovador que capta la imaginación de los consumidores y convierte el producto en una obra de arte.

En resumen, el mundo del packaging y la etiquetación es un campo en constante evolución, lleno de oportunidades y desafíos, donde la innovación, la creatividad y la sostenibilidad juegan un papel cada vez más central. Las empresas que logran navegar con éxito en este complejo panorama tendrán la oportunidad de construir relaciones duraderas con los consumidores y obtener una ventaja competitiva en el mercado.

El diseño inclusivo es otra consideración importante. Crear empaques y etiquetas accesibles para personas con discapacidades, como aquellos con dificultades visuales o motoras, es fundamental para la inclusión y también puede abrir nuevos segmentos de mercado. El uso de fuentes legibles, colores contrastantes y características táctiles puede mejorar la accesibilidad del empaque.

Las empresas también están explorando el uso de inteligencia artificial (IA) y análisis de datos para optimizar el diseño del empaque. Al analizar datos sobre el comportamiento de los consumidores, preferencias y tendencias del mercado, las empresas pueden tomar decisiones más informadas sobre el diseño, materiales y características del empaque, maximizando el impacto y la eficacia.

Además, la gestión de la cadena de suministro del empaque es crucial. Las empresas deben colaborar estrechamente con proveedores de materiales, fabricantes y distribuidores para garantizar la calidad, conformidad y eficiencia de costos. La adopción de prácticas de abastecimiento sostenible puede ayudar a reducir el impacto ambiental y mejorar la imagen de la marca.

Finalmente, la formación y educación de los consumidores desempeñan un papel fundamental. Educar a los consumidores sobre el uso correcto, reutilización y reciclaje del empaque puede ayudar a reducir los desechos y el impacto ambiental, y también puede fortalecer la relación entre consumidores y marca. La

transparencia y la comunicación proactiva son esenciales en este proceso educativo.
En resumen, el sector del empaque y etiquetado es un terreno fértil para la innovación, la creatividad y la sostenibilidad. Las tendencias y tecnologías emergentes ofrecen numerosas oportunidades para que las empresas se diferencien, creen valor y respondan a las crecientes expectativas de los consumidores y los desafíos ambientales.
Dentro del contexto del empaque y etiquetado, el marketing sensorial también desempeña un papel fundamental. Las empresas están experimentando con materiales, texturas y técnicas de impresión que estimulan los sentidos, creando una experiencia multisensorial que puede fortalecer la identidad de marca y el compromiso de los consumidores. El empaque puede evocar sensaciones táctiles, olfativas e incluso sonoras, lo que contribuye a crear memorabilidad y diferenciación en el mercado.
La seguridad del producto es otro aspecto crucial. El empaque debe proteger el contenido contra daños, contaminaciones y alteraciones, garantizando la seguridad y la integridad del producto hasta llegar al consumidor final. Materiales robustos, sellos de seguridad y tecnologías antifraude se implementan cada vez

más para prevenir riesgos y garantizar la confianza de los consumidores.
La trazabilidad y transparencia del producto se han convertido en prioridades para muchos consumidores. Tecnologías de trazabilidad como códigos QR y la blockchain permiten rastrear el origen, la producción y la distribución de productos. Esto aumenta la transparencia y permite a los consumidores acceder a información detallada sobre el origen y la sostenibilidad de los productos que adquieren.
La cuestión de la practicidad y la usabilidad del empaque también es fundamental. En un mundo cada vez más rápido y conectado, los consumidores buscan soluciones de empaque fáciles de abrir, usar y transportar. Por lo tanto, el diseño del empaque debe tener en cuenta las necesidades de practicidad y comodidad, especialmente en sectores como el alimentario y la salud, donde la facilidad de uso puede influir significativamente en la elección del consumidor.
Las consideraciones culturales y demográficas también influyen en la percepción y expectativas sobre el empaque y etiquetado. Las empresas que operan a nivel global deben poder adaptar el diseño, mensajes e información de las etiquetas a las diferentes culturas y regulaciones locales, garantizando la coherencia de la marca y el respeto a las diferencias culturales.

La psicología del color es otro elemento importante a considerar en el diseño del empaque. Cada color evoca emociones y reacciones diferentes, y la elección de colores puede influir en la percepción de la marca, la visibilidad del producto en los estantes y la decisión de compra de los consumidores. Por lo tanto, las empresas invierten en investigaciones y análisis para identificar los colores más efectivos en relación con sus objetivos de mercado y de branding.
Además, la evolución de los hábitos de consumo, como el aumento de las compras en línea, está influenciando el diseño y las funcionalidades del packaging. El packaging para el comercio electrónico debe garantizar una mayor protección durante el transporte, pero también ofrecer una experiencia de desempaquetado memorable. La personalización del packaging, con mensajes y diseños únicos, puede contribuir a crear un vínculo emocional con el consumidor y fortalecer la lealtad a la marca.

Asimismo, con el creciente énfasis en la responsabilidad social corporativa, las empresas son cada vez más llamadas a demostrar su compromiso con la sociedad y el medio ambiente a través de sus elecciones de packaging. La comunicación de iniciativas sostenibles, proyectos de responsabilidad social y colaboraciones con organizaciones ambientales puede transmitirse a través del packaging y las etiquetas, contribuyendo a construir una imagen positiva y responsable de la marca.

Por último, el packaging y la etiquetación son herramientas clave para la comunicación y la promoción de la marca. A través del diseño, los mensajes, los colores y las imágenes, el packaging transmite los valores y la personalidad de la marca, ayudando a crear una posición distintiva en el mercado y establecer un diálogo con los consumidores. La coherencia entre el packaging, la identidad de la marca y la estrategia de comunicación es fundamental para el éxito a largo plazo en el actual mercado competitivo.

En conclusión, el packaging y la etiquetación no son simplemente envoltorios protectores o herramientas informativas, sino que desempeñan un papel multidimensional en el valor del producto y el éxito de una marca. No solo sirven para conservar y proteger el producto, sino también para comunicar, atraer y construir relaciones con los consumidores. Las funciones del packaging y la etiquetación están interconectadas y se influyen mutuamente, determinando la percepción del valor y la experiencia de compra del consumidor.

La sostenibilidad se ha convertido en un pilar fundamental de la estrategia de packaging. Las empresas están llamadas a responder a las crecientes demandas ambientales a través de la innovación y la reducción del impacto ecológico, adoptando materiales reciclables, procesos de producción de bajo consumo energético y soluciones para reducir los desperdicios. El enfoque en la sostenibilidad no es solo una obligación ética, sino también una oportunidad de diferenciación y valorización de la marca en el mercado.

La personalización y la tecnología están transformando la forma en que el packaging y las etiquetas interactúan con los consumidores. La integración de elementos digitales, realidad aumentada y trazabilidad avanzada ofrece nuevas posibilidades de participación, fidelización y valorización de la marca. Estas innovaciones permiten crear experiencias únicas y memorables que van más allá de una simple transacción comercial y contribuyen a construir relaciones duraderas con los consumidores.

La importancia de la practicidad, la usabilidad y la seguridad no puede ser subestimada. El packaging debe asegurar la protección del producto, pero también la facilidad de uso y transporte. Estos aspectos influyen directamente en la satisfacción del consumidor y pueden determinar el éxito o fracaso de un producto en el mercado.

La sensibilidad a las diferencias culturales y demográficas es fundamental para una marca global. La capacidad de adaptar el packaging y las etiquetas a las regulaciones locales y las expectativas de los consumidores es una habilidad estratégica que puede abrir nuevos mercados y oportunidades de crecimiento.

Finalmente, la coherencia y alineación entre el packaging, la identidad de la marca y la estrategia de comunicación son esenciales para construir una marca sólida y distintiva. El packaging es un punto de contacto clave en el recorrido de compra del consumidor y debe reflejar los valores, la misión y la visión de la marca, contribuyendo a reforzar la posición en el mercado y la lealtad de los consumidores.

En resumen, el packaging y la etiquetación son elementos estratégicos que integran diversos aspectos del marketing, la producción, la logística y la responsabilidad social corporativa. La evolución de las tecnologías, los hábitos de los consumidores y los desafíos ambientales están dando forma al futuro del packaging, convirtiéndolo en un aspecto cada vez más central en la creación de valor y el éxito de las empresas en el mercado global.

22. Tendencias Futuras y Perspectivas

1. Las tendencias futuras en el ámbito de los negocios y el marketing se caracterizan por un rápido desarrollo tecnológico, crecientes expectativas de los consumidores y una mayor atención al impacto social y ambiental de las empresas. A continuación, algunas de las tendencias y perspectivas más relevantes para el futuro:
2. **Sostenibilidad y Responsabilidad Social:** La sostenibilidad seguirá siendo una prioridad, con un creciente interés en la economía circular. Las empresas deberán adoptar prácticas ecológicamente sostenibles y éticamente

responsables para mantenerse competitivas y cumplir con las crecientes expectativas de los consumidores y las regulaciones globales.

3. **Inteligencia Artificial y Aprendizaje Automático:** La IA y el aprendizaje automático tendrán un impacto significativo en el análisis de datos, la personalización del marketing, la automatización de procesos empresariales y la creación de nuevos modelos de negocio. Estas tecnologías permitirán a las empresas ser más eficientes, innovadoras y receptivas a los cambios del mercado.
4. **Comercio Electrónico y Móvil:** El comercio electrónico y móvil seguirán creciendo, impulsados por la evolución de las tecnologías digitales, el aumento de la conectividad y los cambios en los hábitos de compra de los consumidores. La presencia en línea y la capacidad de ofrecer experiencias de compra sin problemas serán cada vez más cruciales.
5. **Experiencia del Cliente y Personalización:** La experiencia del cliente y la personalización estarán en el centro de las estrategias de marketing. Las empresas deberán adoptar un enfoque centrado en el cliente, utilizando datos y tecnologías para comprender mejor las necesidades de los consumidores y ofrecer productos, servicios y contenidos personalizados.

6. **Blockchain y Tecnologías Descentralizadas:** La blockchain y otras tecnologías descentralizadas podrían revolucionar sectores como finanzas, logística y cadena de suministro, ofreciendo soluciones más seguras, transparentes y eficientes. Estas tecnologías tienen el potencial de crear nuevos modelos de negocio y gobernanza.
7. **Trabajo Remoto y Nuevas Dinámicas Laborales:** El trabajo remoto y la flexibilidad laboral se volverán cada vez más comunes, lo que requerirá que las empresas adopten nuevas herramientas, políticas y culturas organizativas. Estas nuevas dinámicas impactarán en la atracción y retención de talento, la productividad y el bienestar de los empleados.
8. **Salud y Bienestar:** La creciente atención a la salud y el bienestar influirá en el comportamiento de los consumidores y las ofertas de productos. Las empresas deberán considerar el impacto de sus productos y servicios en la salud física y mental de los consumidores y las comunidades.
9. **Globalización y Localización:** La tensión entre la globalización y la localización continuará caracterizando el panorama internacional. Las empresas deberán equilibrar las estrategias globales con las necesidades locales, adaptando

productos, servicios y comunicaciones a diferentes mercados y culturas.

10. **Crisis y Emergencias:** La preparación para crisis y la resiliencia empresarial serán cada vez más importantes, considerando el aumento de desafíos globales como pandemias, cambios climáticos y conflictos geopolíticos. Las empresas deberán desarrollar planes de emergencia, diversificar riesgos e invertir en la sostenibilidad a largo plazo.
11. **Innovación e Investigación y Desarrollo:** La innovación seguirá siendo un impulsor clave de la competitividad. Las empresas deberán invertir en investigación y desarrollo, explorar nuevas ideas y tecnologías, y crear productos y servicios que respondan a las necesidades emergentes del mercado.
12. En resumen, las tendencias futuras en el mundo de los negocios delinean un panorama en constante evolución, donde la tecnología, la sostenibilidad, la personalización y la resiliencia serán temas centrales. Las empresas deberán ser flexibles, innovadoras y responsables para navegar con éxito en este escenario complejo y dinámico.
13. La rápida evolución del panorama empresarial continúa revelando nuevos horizontes y desafíos, introduciendo diferentes conceptos y oportunidades inesperadas. Al explorar más a

fondo, podemos identificar algunas otras tendencias significativas que podrían influir en el futuro del negocio:

14. **Economía de Plataformas:** La economía de plataformas se fortalece, con empresas que operan como intermediarias digitales, conectando a diferentes usuarios y creando valor a través de esta intermediación. Plataformas como Uber, Airbnb y Amazon son ejemplos de este modelo que continuará proliferando en sectores diversos.
15. **Big Data y Analítica Avanzada:** La acumulación creciente de datos ofrece a las empresas oportunidades sin precedentes para el análisis predictivo y prescriptivo, mejorando la toma de decisiones y permitiendo una mayor personalización de las ofertas y las experiencias de los clientes.
16. **Ciberseguridad y Privacidad:** En una era digital, la protección de datos y la privacidad se vuelven cada vez más críticas. Las empresas deberán invertir en soluciones de ciberseguridad avanzadas y garantizar el cumplimiento con las regulaciones de protección de datos para mantener la confianza de los clientes y prevenir violaciones.
17. **Salud Digital:** La integración de tecnología en el sector de la salud está revolucionando el cuidado de los pacientes, el diagnóstico y la

gestión de enfermedades. El uso de aplicaciones, dispositivos portátiles y telemedicina son ejemplos de cómo la tecnología puede mejorar el acceso y la calidad de la atención médica.

18. Educación en línea y Aprendizaje Continuo: El aprendizaje en línea y la formación continua son esenciales para mantener las habilidades actualizadas en un mercado laboral en constante evolución. Plataformas de educación en línea como Coursera y Udemy están ganando popularidad, y las empresas están invirtiendo en la formación y desarrollo de los empleados.

19. Economía de Suscripción: La adopción de modelos de negocios basados en suscripciones está creciendo en varios sectores, desde los medios hasta el streaming de video y el software. Este modelo permite flujos de ingresos recurrentes y la creación de relaciones a largo plazo con los clientes.

20. Colaboración y Asociaciones Estratégicas: La colaboración entre empresas, startups, universidades e institutos de investigación puede acelerar la innovación y el acceso a nuevos mercados. Las asociaciones estratégicas se vuelven fundamentales para compartir recursos, habilidades y riesgos.

21. Inclusión y Diversidad: La inclusión y la diversidad son cada vez más importantes para la cultura empresarial. Las empresas están reconociendo el valor de la diversidad de pensamiento y están adoptando prácticas para promover la igualdad y la inclusión en el lugar de trabajo.

22. Agritech y Desarrollo Sostenible: La innovación en el sector agrícola es fundamental para abordar desafíos como la seguridad alimentaria y el cambio climático. La tecnología puede contribuir a mejorar la productividad, reducir los desperdicios y promover prácticas agrícolas sostenibles.

23. Urbanización y Ciudades Inteligentes: La urbanización continúa acelerándose, y las ciudades inteligentes utilizan la tecnología para mejorar la calidad de vida, optimizar el uso de los recursos y gestionar el crecimiento de manera sostenible.

Estas tendencias esbozan un futuro de constante transformación, donde la capacidad de adaptarse, innovar y mantener la responsabilidad social y ética determinarán el éxito en el mercado global. Cada empresa, independientemente del sector, tendrá que navegar en este entorno complejo, considerando el impacto de estas tendencias en su modelo de negocio y estrategia operativa.

Seguramente, seguiré profundizando en el tema de las tendencias futuras y perspectivas en el mundo de los negocios, explorando más dinámicas y desarrollos emergentes:

21. Inteligencia Artificial y Automatización: La IA y la automatización siguen madurando, ofreciendo a las empresas herramientas cada vez más avanzadas para optimizar procesos, reducir costos y mejorar la experiencia del cliente. Esta evolución tecnológica requiere reflexionar sobre posibles impactos éticos y sociales, como la pérdida de empleos y cuestiones de privacidad.

22. Blockchain y Tecnologías DLT: Las tecnologías de ledger distribuido como la blockchain están encontrando aplicaciones en varios sectores además de las criptomonedas, incluyendo finanzas, salud, cadena de suministro y gestión de derechos digitales. Estas tecnologías prometen mayor transparencia, seguridad y trazabilidad de las transacciones.

23. Energía Renovable y Transición Energética: La creciente preocupación por el cambio climático y la sostenibilidad está impulsando un cambio radical en el sector energético. La inversión en fuentes de energía renovable y tecnologías de almacenamiento de energía está creciendo, y la electrificación del transporte está ganando terreno.

24. Personalización y Customización: La expectativa de los consumidores de productos y servicios personalizados está impulsando la innovación en varios sectores. La tecnología permite una mayor personalización en áreas como la moda, la alimentación y la educación, mejorando la satisfacción del cliente.

25. Biotecnología y Genómica: Los avances en ciencias de la vida, biotecnología y genómica están revolucionando la medicina, la agricultura y la biología sintética. La posibilidad de modificar el ADN y desarrollar terapias genéticas abre nuevas fronteras éticas y terapéuticas.

26. Desarrollo Sostenible y Economía Circular: La necesidad de un modelo económico más sostenible está impulsando la adopción de prácticas de economía circular. La reducción de residuos, el reciclaje y la reutilización se vuelven imperativos para empresas que buscan minimizar su impacto ambiental y responder a las expectativas de los consumidores.

27. Seguridad Alimentaria y Agricultura Sostenible: La creciente demanda de alimentos y la necesidad de prácticas agrícolas sostenibles están impulsando la innovación en el sector agrícola. La agricultura de precisión, la agricultura urbana y las proteínas alternativas son solo algunas de las soluciones emergentes.

28. Turismo Sostenible y Experiencial: El sector del turismo se está moviendo hacia modelos más sostenibles y orientados a la experiencia. El turismo experiencial, el ecoturismo y el turismo cultural están ganando popularidad, mientras que destinos y empresas turísticas se esfuerzan por reducir su impacto ambiental.

21. Movilidad del Futuro y Vehículos Autónomos: La movilidad urbana está experimentando una transformación radical con el desarrollo de vehículos autónomos, drones, hyperloop y otras soluciones de transporte innovadoras. Estos cambios plantean nuevos desafíos en términos de infraestructura, regulaciones y seguridad.

22. Envejecimiento de la Población y Cuidado de la Salud: El aumento de la esperanza de vida y el envejecimiento de la población mundial crean nuevos desafíos y oportunidades en el sector de la salud. La telemedicina, la medicina preventiva y la salud digital son estrategias clave para abordar estos desafíos.

Estos avances ponen de relieve la importancia para las empresas de mantenerse a la vanguardia, anticipando las tendencias y adaptándose proactivamente a los cambios del mercado y a las necesidades de los consumidores. La capacidad de innovar e integrar de manera responsable las nuevas tecnologías será fundamental para el éxito a largo plazo.

En conclusión, examinar detenidamente las tendencias futuras y las perspectivas es fundamental para cualquier entidad empresarial que aspire a prosperar en un entorno de mercado en constante cambio y altamente competitivo. El análisis de las tendencias emergentes ofrece la oportunidad de anticipar las transformaciones del mercado, adaptar la estrategia empresarial y mantenerse un paso adelante de la competencia. Entre las tendencias más significativas, la Inteligencia Artificial, la Blockchain, la transición energética y los avances en el campo de la biotecnología representan factores de cambio que pueden redefinir sectores industriales enteros, creando nuevas oportunidades de mercado, pero también desafíos en términos de adaptabilidad y cumplimiento normativo. Es esencial para las empresas comprender cómo estas tendencias influirán no solo en su industria, sino también en la sociedad en su conjunto, ya que la responsabilidad social empresarial está cada vez más en el centro de las expectativas de los consumidores y los grupos de interés.

Además, la creciente atención hacia la sostenibilidad y el desarrollo sostenible implica una revisión profunda de las prácticas comerciales actuales. La adopción de un modelo de economía circular, la implementación de prácticas agrícolas y turísticas sostenibles, así

como la innovación en el campo de la movilidad, son esenciales para reducir el impacto ambiental y satisfacer las necesidades de una sociedad cada vez más consciente y exigente.
La creciente demanda de personalización y la transformación de los modelos de consumo requieren una mayor flexibilidad y la capacidad de ofrecer productos y servicios a medida, manteniendo al mismo tiempo altos estándares de calidad y ética. Esto es particularmente relevante en sectores como la salud, donde el envejecimiento de la población y las crecientes expectativas en cuanto al cuidado de la salud están moldeando nuevos paradigmas y oportunidades de negocio.
En resumen, navegar a través de estas tendencias futuras y perspectivas requiere una visión estratégica, una comprensión profunda del contexto socioeconómico y tecnológico, y la voluntad de innovar y adaptarse continuamente. Las empresas que logren anticipar y abrazar estos cambios estarán mejor posicionadas para crear valor a largo plazo, construir relaciones sólidas con clientes y grupos de interés, y contribuir de manera significativa a la construcción de un futuro sostenible e inclusivo.

23. Competencia y Diferenciación

La competencia y la diferenciación son dos conceptos fundamentales en el mundo de los negocios y representan elementos clave para el éxito de una empresa en un mercado saturado y competitivo. La competencia es la interacción entre empresas que operan en el mismo sector y luchan por adquirir cuotas de mercado, clientes y recursos. Puede ser directa, cuando las empresas ofrecen productos o servicios similares, o indirecta, cuando compiten para satisfacer la misma necesidad con soluciones diferentes. En un entorno de mercado donde la competencia es intensa, las empresas deben adaptarse, innovar y mejorar constantemente su oferta para mantener y aumentar su posición en el mercado. La diferenciación, por otro lado, es la estrategia mediante la cual una empresa busca distinguirse de la competencia ofreciendo productos o servicios únicos, de calidad superior o personalizados, o a través del branding, el marketing y el servicio al cliente. Una estrategia de diferenciación efectiva puede permitir a la empresa establecer una ventaja competitiva, justificar precios premium y crear lealtad de marca entre los consumidores. En el contexto actual, caracterizado por cambios tecnológicos rápidos y la globalización de los mercados, la competencia se ha intensificado y ha adquirido nuevas formas. El comercio electrónico, las plataformas digitales y la inteligencia artificial han derribado las barreras de entrada, permitiendo que nuevos actores surjan y desafíen a las empresas tradicionales. Además, el acceso a información detallada sobre los consumidores ha hecho que el marketing y la publicidad sean más específicos y personalizados, aumentando la presión competitiva. Para enfrentar estos desafíos, las empresas deben ser proactivas en la búsqueda de nuevas oportunidades de diferenciación. La innovación de productos, la adopción de tecnologías emergentes, la sostenibilidad ambiental y social, y la experiencia del cliente se han convertido en factores clave para distinguirse de la competencia. La atención a la responsabilidad social empresarial y la adopción de prácticas éticas también pueden contribuir a construir una imagen de marca positiva y establecer relaciones de confianza con los clientes y grupos de interés. En conclusión, la capacidad para comprender la dinámica de la competencia e implementar estrategias de diferenciación efectivas es esencial para la supervivencia y el éxito a largo plazo de las empresas en el mercado actual. Mantener un enfoque innovador, estar atento a las necesidades y valores de los consumidores, y construir relaciones sólidas son elementos que pueden contribuir a consolidar la posición de una empresa en un entorno competitivo y en constante evolución.

En el contexto de la competencia y la diferenciación, la percepción del valor por parte del cliente juega un papel central. Las empresas, para seguir siendo competitivas, deben comprender en profundidad las necesidades, expectativas y preferencias de sus grupos de mercado objetivo y estructurar su oferta para maximizar el valor percibido. Esto puede incluir no solo la calidad y características del producto o servicio, sino también aspectos como el servicio al cliente, la reputación de la marca y la responsabilidad social. Además, en una era caracterizada por un acceso simplificado a la información y una mayor conciencia de los consumidores, las empresas deben ser transparentes y auténticas en sus comunicaciones y acciones. Cualquier intento de manipular o engañar a los consumidores puede ser descubierto y difundido rápidamente, dañando la reputación de la empresa y la confianza de los clientes. Otro aspecto crucial de la diferenciación es la personalización. Con la llegada de tecnologías digitales y big data, las empresas tienen la capacidad de recopilar y analizar enormes cantidades de datos sobre los consumidores, lo que les permite personalizar la oferta y la comunicación de manera cada vez más precisa. Esta personalización puede contribuir a crear un vínculo más estrecho entre la empresa y el cliente, aumentando la lealtad y la propensión a gastar. Además de la personalización, la innovación continua es otro pilar de la diferenciación. En mercados saturados y en constante cambio, las empresas que pueden innovar constantemente, tanto en términos de productos como de procesos, tienen más posibilidades de distinguirse de la competencia y de mantenerse relevantes a los ojos de los consumidores. La innovación puede abarcar no solo el aspecto tecnológico, sino también el modelo de negocio, la cadena de valor y las alianzas estratégicas. En un panorama cada vez más globalizado, la internacionalización también puede considerarse una forma de diferenciación. Las empresas que expanden su presencia en diferentes mercados pueden beneficiarse de economías de escala, acceso a nuevos segmentos de clientes y diversificación del riesgo. Sin embargo, la internacionalización también conlleva desafíos significativos, como la necesidad de adaptarse a culturas, regulaciones y dinámicas de mercado diferentes.

Por último, la sostenibilidad ambiental y social se ha convertido en un elemento cada vez más importante en la diferenciación. Los consumidores modernos están prestando una mayor atención al impacto que los productos y las empresas tienen en el planeta y en la sociedad, y muchas empresas están respondiendo a esta tendencia integrando prácticas sostenibles en todos los aspectos de su actividad. Por lo tanto, la sostenibilidad ya no es solo una cuestión ética, sino que se ha convertido en un verdadero factor competitivo.
La competencia y la diferenciación en el mundo empresarial también están fuertemente influenciadas por las dinámicas del mercado digital y la evolución tecnológica. En una era donde la presencia en línea es crucial, las estrategias de marketing digital y la gestión de la reputación en línea se han vuelto centrales para destacarse de la competencia. Las empresas están invirtiendo considerablemente en SEO, contenidos de calidad, marketing en redes sociales y otras tácticas digitales para atraer y retener clientes.
Además, la experiencia del cliente se ha convertido en un campo de batalla clave para las empresas. Ofrecer una excelente experiencia al cliente, tanto en línea como fuera de línea, puede ser un factor determinante para adquirir y

mantener la lealtad del cliente. Esto incluye la facilidad de uso de los sitios web y aplicaciones, el servicio al cliente, la personalización y la capacidad para resolver rápidamente cualquier problema. Las empresas que no logran satisfacer las expectativas de los clientes en cuanto a la experiencia corren el riesgo de quedarse rezagadas respecto a los competidores que lo hacen.

La gestión de la cadena de valor es otro aspecto que puede crear diferenciación. Las empresas que optimizan e innovan en su cadena de valor pueden reducir costos, mejorar la eficiencia y, por ende, ofrecer productos y servicios a precios más competitivos o con márgenes de beneficio mayores. El abastecimiento sostenible, la producción ajustada y el uso eficiente de los recursos son todos factores que pueden contribuir a crear una ventaja competitiva.

Paralelamente, la propiedad intelectual es un elemento crucial en la diferenciación. Las empresas invierten recursos significativos en investigación y desarrollo para crear productos, servicios y tecnologías patentables que puedan ofrecer ventajas únicas y no fácilmente replicables por la competencia. La protección legal de ideas e innovaciones a través de patentes, marcas registradas y derechos de autor es fundamental para mantener una ventaja competitiva a largo plazo.

Las colaboraciones estratégicas y las alianzas también pueden ser un medio para que las empresas se diferencien y refuercen su posición en el mercado. A través de asociaciones con otras empresas, instituciones de investigación o entidades gubernamentales, las empresas pueden acceder a nuevos recursos, habilidades y mercados, que a su vez pueden abrir nuevas oportunidades de crecimiento y diferenciación.

En el contexto de la globalización, comprender y adaptarse a las diferencias culturales son fundamentales para el éxito internacional. Las empresas que ingresan a nuevos mercados deben ser sensibles a las normas, valores y comportamientos locales, y adaptar en consecuencia sus productos, servicios y estrategias de comunicación. La capacidad de operar con éxito en diferentes contextos culturales puede ser un factor clave de diferenciación en un mercado global.

Finalmente, la capacidad de anticipar y adaptarse a los cambios en el comportamiento de los consumidores, las tendencias del mercado y el contexto económico y político puede ser un elemento distintivo. Las empresas que son proactivas en lugar de reactivas, y que pueden navegar con éxito a través de la incertidumbre y

la volatilidad, están mejor posicionadas para mantener y construir su competitividad a lo largo del tiempo.
La inteligencia competitiva y el análisis del mercado representan dimensiones adicionales fundamentales en el marco de la competencia y la diferenciación. Las empresas hoy en día están invirtiendo cada vez más en herramientas y tecnologías que les permiten monitorear los movimientos de los competidores, analizar tendencias y previsiones del mercado, y recopilar información de los consumidores. Este análisis continuo permite a las empresas identificar oportunidades y amenazas, desarrollar estrategias proactivas y reactivas, y por ende, mantener una ventaja competitiva.

Además, la importancia de la sostenibilidad ambiental y social en la diferenciación no puede ser subestimada. Los consumidores modernos están cada vez más conscientes de los problemas ambientales y sociales, por lo tanto tienden a preferir empresas que demuestran compromiso con la sostenibilidad. Adoptar prácticas comerciales éticas, invertir en iniciativas ecológicas y comprometerse con la responsabilidad social no solo puede mejorar la imagen de una empresa, sino que también puede llevar a beneficios económicos a largo plazo.

La diferenciación a través del diseño y la innovación es otro aspecto crucial. Un diseño único y atractivo puede hacer que un producto o servicio sea distintivo a los ojos de los consumidores, mientras que la continua innovación en características, funcionalidades y tecnología puede mantener el interés del cliente y generar lealtad a la marca. La atención al diseño y la inversión en investigación y desarrollo son, por lo tanto, esenciales para construir y mantener una ventaja competitiva.

La creación de marcas fuertes y distintivas es también vital en un mercado saturado. Construir una marca reconocible, confiable y asociada con valores positivos puede ayudar a diferenciar a una empresa de sus competidores y establecer un vínculo emocional con los consumidores. Las estrategias de branding deberían ser coherentes y reflejar la misión, visión y valores de la empresa, contribuyendo a crear una identidad única y distintiva.

Otro elemento que juega un papel clave en la diferenciación es la gestión de las relaciones con los clientes (CRM). Las empresas que desarrollan relaciones sólidas y duraderas con sus clientes son capaces de crear valor a través de la fidelidad del cliente y el boca a boca positivo. El uso de tecnologías CRM avanzadas permite a las empresas personalizar las interacciones con los clientes, mejorar el servicio al cliente y gestionar eficazmente la información de los clientes, contribuyendo a optimizar la satisfacción del cliente y construir relaciones a largo plazo.

La flexibilidad y la adaptabilidad operativa también son esenciales para mantener la competitividad en un entorno de mercado en constante evolución. Las empresas deben ser capaces de adaptarse rápidamente a los cambios en las condiciones del mercado, las fluctuaciones en la demanda y las nuevas oportunidades. La capacidad de modificar operaciones, procesos de producción y estrategias comerciales de manera ágil y oportuna puede ser un factor distintivo en el mantenimiento de una ventaja competitiva.

En resumen, la diferenciación en el panorama comercial actual es una tarea compleja que requiere atención a numerosos factores, desde la innovación y la sostenibilidad hasta la gestión de las relaciones con los clientes y la flexibilidad operativa. Las empresas que logran navegar con éxito en este entorno complejo y diferenciarse de manera efectiva son aquellas que probablemente prosperarán a largo plazo.

Dentro del ámbito de la competencia y la diferenciación, un rol esencial lo desempeña la capacidad de las empresas para crear y mantener una fuerte posición en el mercado. Esto implica la definición clara de una oferta de valor única que atraiga y satisfaga las necesidades de los consumidores, diferenciándose así de los competidores. La creación de una propuesta de valor distintiva puede derivar de la superioridad del producto, la excelencia en el servicio al cliente, la eficiencia operativa o un modelo de negocio innovador.

El análisis FODA (Fortalezas, Oportunidades, Debilidades, Amenazas) es una herramienta crucial para las empresas que buscan diferenciarse. Este análisis permite a las empresas identificar sus propios puntos fuertes y débiles internos, así como las oportunidades y amenazas externas, facilitando así la formulación de estrategias efectivas para obtener una ventaja competitiva.

La personalización es otro aspecto fundamental de la diferenciación. En un mercado cada vez más saturado, ofrecer productos y servicios personalizados puede ayudar a las empresas a satisfacer las necesidades específicas de los clientes, a construir relaciones más estrechas y a aumentar la lealtad a la marca. Las tecnologías digitales, como la inteligencia artificial y el análisis de datos, son herramientas valiosas para permitir a las empresas personalizar la oferta de manera escalable y eficiente.

Otro elemento clave es la transparencia. En una era en la que los consumidores están cada vez

más informados y exigentes, las empresas deben ser transparentes sobre sus prácticas comerciales, el origen de los materiales, los procesos de producción y el impacto ambiental. La transparencia puede fortalecer la confianza de los consumidores, mejorar la reputación de la empresa y contribuir a la construcción de una marca ética y responsable.
La importancia de la diferenciación también se extiende al mundo en línea. La presencia digital, el marketing en línea, las redes sociales y el comercio electrónico se han convertido en canales indispensables para llegar a los consumidores, promocionar productos y servicios y construir conciencia de marca. Una estrategia digital bien planificada e integrada puede ampliar el alcance de la empresa, mejorar el compromiso de los clientes y generar conversiones, contribuyendo así al éxito a largo plazo de la empresa.
Las alianzas estratégicas y las asociaciones también pueden contribuir a la diferenciación. Colaborar con otras empresas, instituciones de investigación u organizaciones sin fines de lucro puede permitir que las empresas accedan a nuevas habilidades, tecnologías o mercados, compartan recursos y riesgos y desarrollen productos o servicios innovadores. Por lo tanto, las asociaciones pueden ser un medio efectivo

para obtener una ventaja competitiva y diferenciarse en el mercado.

Por último, pero no menos importante, el precio sigue siendo un factor decisivo en la competencia. Una estrategia de precios optimizada puede influir en la percepción del valor por parte de los consumidores, atraer segmentos de mercado específicos e influir en la participación de mercado. Ya sea adoptando una estrategia de precio premium, de penetración o de descuento, el establecimiento del equilibrio adecuado entre precio y valor es crucial para la diferenciación y el éxito comercial.

En conclusión, las estrategias de competencia y diferenciación son multifacéticas e interconectadas, requiriendo un enfoque holístico y dinámico por parte de las empresas para adaptarse, innovar y prosperar en un entorno comercial cada vez más complejo y competitivo.

La competencia y la diferenciación en el panorama empresarial actual son conceptos centrales y fundamentales para el éxito y el crecimiento de una empresa. La capacidad de una organización para destacarse en un mercado saturado está intrínsecamente relacionada con su capacidad para comprender las dinámicas del mercado, anticipar las necesidades de los consumidores e innovar constantemente.

En conclusión, es vital destacar que la diferenciación no es un proceso estático sino dinámico. Las empresas deben estar listas para adaptar y reformular sus estrategias de diferenciación en respuesta a las cambiantes condiciones del mercado, los cambios en el comportamiento de los consumidores y la evolución de la tecnología y la innovación. Esto requiere un análisis continuo del mercado, una profunda comprensión de su público objetivo y un compromiso constante con la innovación y la mejora del producto.

Además, la eficacia de las estrategias de diferenciación está estrechamente relacionada con la coherencia de la marca y la calidad de la experiencia del cliente. Las empresas deben asegurarse de que cada punto de contacto con el cliente refleje y refuerce su identidad de marca y sus valores, creando así una experiencia homogénea y distintiva que satisfaga y supere las expectativas de los clientes.

La sostenibilidad también se ha convertido en un factor clave de diferenciación. Las empresas son cada vez más llamadas a demostrar responsabilidad ambiental, social y económica, y aquellas que logran integrar prácticas sostenibles en sus modelos de negocio pueden obtener una ventaja competitiva significativa. La sostenibilidad ya no es solo algo "bueno de tener", sino que se ha convertido en una necesidad y una expectativa por parte de los consumidores, inversionistas y partes interesadas.

La importancia de la diferenciación se destaca aún más en un contexto global, donde las empresas no solo compiten con rivales locales, sino también con actores internacionales. La capacidad de adaptarse y responder a las diferencias culturales, legales y de mercado es fundamental para el éxito internacional y requiere una estrategia de diferenciación bien pensada y culturalmente sensible.

Finalmente, el análisis competitivo y la monitorización continua de la competencia son esenciales para identificar nuevas oportunidades de diferenciación y para reaccionar rápidamente a las amenazas competitivas. Las empresas deben permanecer vigilantes, estar dispuestas a aprender de sus competidores y a adaptar sus estrategias para mantener y reforzar su posición en el mercado.

Estas reflexiones concluyen el análisis sobre el tema de la competencia y la diferenciación, subrayando la importancia de un enfoque estratégico, innovador y holístico para crear valor único y sostenible en el contexto empresarial contemporáneo.

24. Análisis FODA de la Gran Distribución

El análisis FODA (Fortalezas, Oportunidades, Debilidades, Amenazas) es una herramienta estratégica utilizada para identificar los puntos fuertes, debilidades, oportunidades y amenazas de una empresa o sector. En el contexto de la Gran Distribución, este análisis puede ofrecer ideas valiosas para comprender las dinámicas del mercado y formular estrategias efectivas. Aquí tienes un ejemplo de un análisis FODA para la Gran Distribución:

1. Puntos Fuertes (Fortalezas): • Economías de Escala: La Gran Distribución puede aprovechar economías de escala gracias a grandes volúmenes de compra, reduciendo costos y ofreciendo precios competitivos a los consumidores. • Variedad de Productos: La amplia gama de productos disponibles permite satisfacer a una amplia clientela y adaptarse rápidamente a las necesidades del mercado. • Presencia Capilar: La amplia difusión de los puntos de venta hace que la Gran Distribución sea fácilmente accesible para los consumidores.

2. Puntos Débiles (Debilidades): • Margen Reducido: La competencia en precios puede erosionar los márgenes de beneficio, haciendo que el sector sea sensible a las fluctuaciones económicas. • Dependencia de Proveedores: El alto volumen de compras puede generar dependencia de ciertos proveedores, haciendo a la Gran Distribución vulnerable a problemas de abastecimiento. • Riesgos Relacionados con la Reputación: Cualquier problema de calidad o escándalo puede dañar la reputación de las cadenas de la Gran Distribución, con consecuencias a largo plazo.

3. Oportunidades: • Comercio Electrónico: El desarrollo del comercio electrónico ofrece nuevas oportunidades de venta y fidelización de la clientela. • Sostenibilidad: La integración de prácticas sostenibles en la cadena de suministro puede crear una ventaja competitiva y atraer a consumidores conscientes. • Personalización de la Oferta: El uso de tecnologías como el análisis de datos puede permitir la personalización de la oferta y mejorar la experiencia del cliente.

4. Amenazas: • Competencia en Línea: La creciente popularidad de plataformas de comercio electrónico representa una seria amenaza para los minoristas tradicionales. • Cambios en los Comportamientos de Compra: La evolución de los hábitos de los consumidores puede afectar la demanda de productos y servicios ofrecidos por la Gran Distribución. • Fluctuaciones Económicas: Las crisis económicas o la incertidumbre pueden reducir el poder adquisitivo de los consumidores e impactar negativamente en las ventas.

Este análisis FODA destaca los desafíos y oportunidades que la Gran Distribución debe enfrentar en un mercado en constante evolución. La comprensión de estos factores es fundamental para formular estrategias que aprovechen las oportunidades y mitiguen los riesgos, asegurando así el crecimiento y la sostenibilidad del sector.

La Gran Distribución, en un contexto de rápidos cambios e innovaciones, debe estar lista para reinterpretar sus estrategias basándose en un análisis

FODA dinámico y atento a las nuevas tendencias. Un elemento clave en este escenario es la digitalización. Las tecnologías digitales, desde el big data hasta la blockchain, están modificando las dinámicas de la distribución, ofreciendo nuevas herramientas para optimizar la cadena de suministro, mejorar la interacción con los clientes y aumentar la eficiencia operativa.

Una consideración adicional concierne a la importancia de la Responsabilidad Social Empresarial. Las empresas de la Gran Distribución pueden encontrar en el comportamiento ético y sostenible un verdadero punto fuerte. Los consumidores están cada vez más atentos al impacto ambiental y social de los productos que compran, y las cadenas de distribución que promueven prácticas responsables pueden ganarse la confianza y lealtad de la clientela.

La diversificación de la oferta es otro elemento a explorar. Además de diversificar la gama de productos, es esencial considerar la introducción de servicios adicionales, como la entrega a domicilio, programas de fidelización o asociaciones con otras empresas, que pueden contribuir a crear una experiencia de compra única e interesante para el cliente.

No menos importante es la capacidad para anticipar y adaptarse a los cambios demográficos y socioculturales. La evolución de las preferencias y necesidades de los consumidores, así como el surgimiento de nuevos segmentos de mercado, requiere una revisión continua del surtido y las estrategias de marketing. Un ejemplo es la creciente demanda de productos orgánicos, éticos o locales, que representa una oportunidad para la Gran Distribución de posicionarse como promotora de elecciones conscientes y sostenibles.
La gestión de recursos humanos también desempeña un papel crucial. La formación y motivación del personal son fundamentales para garantizar un servicio de calidad y para desarrollar habilidades clave en áreas digitales, comerciales y relacionales. Un equipo calificado y satisfecho contribuye no solo al éxito operativo, sino también al fortalecimiento de la imagen y la reputación de la empresa.

La Gran Distribución también debe enfrentar la creciente competencia de nuevos actores en el mercado en línea. Las plataformas de comercio electrónico están ganando participación en el mercado, aprovechando la conveniencia, velocidad y personalización de la oferta. Para contrarrestar esta tendencia, es fundamental

invertir en soluciones omnicanal que integren la experiencia de compra en línea y fuera de línea, así como en estrategias de fidelización y compromiso con los clientes.
Finalmente, el análisis FODA debe considerar los desafíos legislativos y normativos. Las regulaciones sobre seguridad alimentaria, etiquetado, protección de datos y derechos de los consumidores están en constante evolución y requieren un monitoreo constante y una adaptación proactiva de las prácticas comerciales. Cumplir con las regulaciones no es solo una obligación legal, sino que puede convertirse en un factor de diferenciación y una ventaja competitiva, especialmente desde una perspectiva de transparencia y responsabilidad hacia los consumidores y la sociedad.
En el ámbito de la Gran Distribución, la personalización de la experiencia de compra emerge como un factor clave. Los clientes desean sentirse reconocidos y valorados, y gracias a la inteligencia artificial y los datos de comportamiento, las empresas tienen la oportunidad de ofrecer productos y servicios a medida, fortaleciendo el vínculo con el consumidor. Esto abre nuevas posibilidades para la creación de valor, pero también plantea desafíos en términos de privacidad y seguridad de los datos.

Además de la personalización, la eficiencia logística es otro punto crucial. La optimización de los flujos de mercancías, la gestión de almacenes y la reducción de los tiempos de entrega son aspectos que afectan significativamente la eficacia operativa y la satisfacción del cliente. La implementación de tecnologías innovadoras como drones, robots e Internet de las cosas (IoT) puede contribuir a mejorar la gestión logística y reducir costos.

En este panorama, el aspecto de la sostenibilidad ambiental adquiere cada vez más relevancia. El ciclo de vida de los productos, la reducción de residuos y el uso de materiales respetuosos con el medio ambiente son temas centrales en la percepción del consumidor y en la imagen de la empresa. Las iniciativas para promover la economía circular y limitar el impacto ambiental pueden traducirse en una ventaja competitiva y un aumento de la fidelización.

La resiliencia frente a impactos externos es otra dimensión a explorar. Eventos como pandemias, crisis económicas o desastres naturales pueden tener repercusiones significativas en el sector de la distribución. La capacidad de prever, gestionar y adaptarse a estas situaciones es fundamental para garantizar la continuidad operativa y mantener la confianza de los clientes y socios comerciales.

Otro aspecto relevante es la colaboración con startups y pequeñas empresas innovadoras. La incubación de ideas y soluciones innovadoras, además de la creación de sinergias con empresas jóvenes, puede acelerar el proceso de innovación y abrir nuevos caminos en términos de productos, servicios y modelos de negocio.
Paralelamente, la ética y la transparencia en las prácticas comerciales y en las relaciones con proveedores y clientes son factores cada vez más determinantes. La confianza es un activo valioso y la coherencia entre los valores declarados y las acciones concretas es esencial para construir y mantener relaciones sólidas y duraderas.
Finalmente, la competencia con los mercados internacionales y la capacidad de adaptarse a diferentes culturas y regulaciones son elementos que influyen en la estrategia y la posición competitiva de las empresas de la Gran Distribución. El conocimiento de las dinámicas locales, la flexibilidad y la capacidad de innovar son esenciales para operar con éxito en un contexto globalizado.
La digitalización es un elemento clave en la evolución de la Gran Distribución. Además del comercio electrónico, el uso de plataformas digitales, aplicaciones móviles y realidad aumentada está cambiando la forma en que los clientes interactúan con las empresas y realizan

compras. Esta transformación digital no solo amplía las oportunidades de venta, sino que también permite recopilar datos valiosos sobre el comportamiento de los consumidores, lo que permite un análisis profundo y la adaptación de estrategias de marketing en tiempo real.
La importancia de las redes sociales en la construcción de la imagen de marca y en la relación con el cliente está en constante crecimiento. Las reseñas en línea, los comentarios y las interacciones tienen un impacto significativo en las decisiones de compra de los consumidores. La gestión de la reputación en línea y la interacción proactiva con la comunidad se han convertido en habilidades esenciales para las empresas de la Gran Distribución.
Además, la evolución de las tecnologías blockchain ofrece nuevas perspectivas en la trazabilidad de productos y la gestión de transacciones. Esta tecnología puede garantizar mayor transparencia y seguridad, reduciendo los riesgos de fraude y mejorando la eficiencia de la cadena de suministro.
El creciente interés en los productos locales y el origen de las materias primas representa otra tendencia en marcha. Los consumidores están cada vez más informados y sensibles a cuestiones éticas y ambientales, y demandan productos que

reflejen estos valores. La certificación de origen, la producción local y la promoción de productos típicos pueden ser un importante factor de diferenciación.
En este escenario, la formación y la actualización del personal se vuelven cruciales. La velocidad del cambio tecnológico y la complejidad de los nuevos desafíos requieren habilidades cada vez más específicas y una capacidad constante de aprendizaje y adaptación. Invertir en la formación del personal y promover una cultura empresarial abierta a la innovación son pasos fundamentales para mantener la competitividad.
Un aspecto adicional es la diversificación de la oferta. Además de la venta de productos, las empresas de la Gran Distribución están explorando nuevos modelos de negocios, como la venta de servicios, la organización de eventos y experiencias, y la creación de asociaciones con otras empresas para ofrecer paquetes integrados y promocionar su marca.
Finalmente, el tema de la inclusividad y la diversidad es cada vez más central en las estrategias empresariales. La Gran Distribución, por su naturaleza de ser una interfaz con un público heterogéneo, tiene la responsabilidad y la oportunidad de promover valores de inclusión y respeto a las diferencias, tanto dentro de la

organización como en las relaciones con los clientes y la comunidad.
Para concluir, el análisis FODA de la Gran Distribución requiere una cuidadosa consideración de varios elementos clave que influyen en el sector. En cuanto a las fortalezas (Strengths), la capacidad de adaptarse a las nuevas tecnologías, la amplia cobertura de mercado y la diversificación de la oferta son factores significativos que contribuyen al éxito de las empresas en el sector. La implementación de estrategias efectivas de comercio electrónico y el uso inteligente de los datos de los clientes también pueden considerarse puntos fuertes.
En relación con las debilidades (Weaknesses), la Gran Distribución puede ser vulnerable a cambios rápidos en el comportamiento del consumidor y a las fluctuaciones económicas. La gestión de recursos humanos y la formación del personal son áreas que requieren atención continua, para garantizar que los empleados puedan satisfacer las necesidades de los clientes en un entorno en constante evolución.
Las oportunidades (Opportunities) son numerosas y variadas. La evolución de las tecnologías digitales y la creciente importancia de la sostenibilidad y la ética empresarial ofrecen nuevas posibilidades de crecimiento y diferenciación. La expansión en nuevos mercados

y la creación de asociaciones estratégicas pueden abrir nuevos horizontes y contribuir al éxito a largo plazo.
Sin embargo, las amenazas (Threats) no deben subestimarse. La competencia es cada vez más intensa y global, con nuevos actores que constantemente ingresan al mercado. Las regulaciones pueden imponer restricciones y obligaciones adicionales, mientras que las crisis económicas y de salud, como la provocada por la COVID-19, ponen a prueba la resiliencia de las empresas.
En última instancia, la Gran Distribución se enfrenta a desafíos y oportunidades únicas. La capacidad para anticipar las tendencias futuras, adaptarse rápidamente y mantener una sólida relación con los clientes será crucial para el éxito a largo plazo. La integración entre innovación y tradición, entre lo global y lo local, entre la eficiencia y la sostenibilidad, serán los pilares sobre los cuales construir las estrategias futuras para las empresas de este sector.

25. Estudios de Casos y Casos de Éxito

Al explorar los estudios de casos y casos de éxito en el mundo de los negocios, podemos identificar varios ejemplos de empresas que se han destacado a través de estrategias innovadoras, capacidades de adaptación y una visión empresarial de largo alcance.

1. **Apple Inc.:** Apple es a menudo citada como un ejemplo emblemático de innovación y diseño. La compañía ha revolucionado varios sectores, como la música, la telefonía y la informática, a través de productos icónicos como el iPod, iPhone y MacBook. El énfasis en la calidad del diseño, la experiencia del usuario y un ecosistema de productos y servicios integrados han contribuido a su éxito global.
2. **Amazon.com:** Iniciando como una librería en línea, Amazon se ha convertido en la mayor plataforma de comercio electrónico del mundo, ofreciendo una amplia gama de productos y servicios. La compañía ha sabido diversificarse, incursionando en áreas como la computación en la nube con Amazon Web Services y el entretenimiento digital con Amazon Prime Video.
3. **Tesla, Inc.:** Tesla ha revolucionado la industria automotriz a través de la introducción de vehículos eléctricos de alto rendimiento. La

visión de Elon Musk y la continua innovación en términos de tecnología, diseño y sostenibilidad han posicionado a Tesla como líder en la movilidad eléctrica.

4. **Patagonia:** Esta empresa de ropa para exteriores es reconocida por su compromiso con la sostenibilidad y la responsabilidad social. Patagonia ha incorporado principios éticos en todos los aspectos de su actividad, desde el uso de materiales reciclados hasta la promoción de la conservación ambiental, ganando la lealtad de los consumidores y creando un modelo de negocio sostenible.

5. **Airbnb:** Airbnb ha reinventado el concepto de alojamiento turístico, permitiendo a individuos alquilar sus hogares a viajeros de todo el mundo. El enfoque innovador y la plataforma amigable han contribuido a la creación de un mercado global, ofreciendo una alternativa a las formas tradicionales de alojamiento y generando nuevas oportunidades económicas.

6. **Beyond Meat:** Beyond Meat es un ejemplo de éxito en el sector alimentario. La empresa ha desarrollado proteínas vegetales alternativas a la carne, respondiendo a la creciente demanda de opciones alimentarias más sostenibles y saludables. Su capacidad para replicar el sabor y la consistencia de la carne ha atraído a consumidores e inversores, posicionando a la

empresa como pionera en el mercado de proteínas alternativas.

Estos casos ilustran cómo la innovación, la visión estratégica y el compromiso ético pueden contribuir al éxito de una empresa. Las lecciones aprendidas de estas historias pueden ofrecer inspiración y orientación a emprendedores y gerentes que aspiran a crear valor en el contexto empresarial contemporáneo.

Al continuar explorando los casos de estudio y las historias de éxito, es fundamental observar cómo algunas empresas han utilizado sus recursos, habilidades y capacidades para superar obstáculos y lograr objetivos ambiciosos.

Explorando casos de estudio y casos de éxito, es fundamental observar cómo algunas empresas han utilizado sus recursos, habilidades y capacidades para superar obstáculos y alcanzar objetivos ambiciosos.

1. **Spotify:** La plataforma de streaming musical ha transformado la forma en que consumimos música, introduciendo un modelo basado en suscripción que ofrece acceso a una amplia biblioteca musical. La personalización y el descubrimiento de nuevas canciones se han

convertido en el núcleo de la experiencia del usuario, con listas de reproducción y recomendaciones basadas en algoritmos.

2. **Zara:** El enfoque de moda rápida de Zara ha revolucionado la industria de la moda. La rapidez en lanzar nuevos productos al mercado, respondiendo en tiempo real a las tendencias, ha hecho de Zara una de las marcas de moda más reconocidas y exitosas en el mundo.
3. **Netflix:** Comenzando como un servicio de alquiler de DVD por correo, Netflix se ha transformado en un gigante del streaming, produciendo contenido original y adquiriendo derechos exclusivos de películas y series de TV. La personalización y la variedad de contenido han cautivado a una audiencia global.
4. **Shopify:** Esta plataforma de comercio electrónico ha permitido a innumerables pequeñas empresas vender en línea, proporcionando las herramientas necesarias para gestionar una tienda virtual. La facilidad de uso y la flexibilidad han contribuido al rápido crecimiento de Shopify.
5. **Slack:** Slack ha transformado la comunicación dentro de las organizaciones, introduciendo una nueva forma de colaborar y compartir información. La interfaz intuitiva y la capacidad de integrar otras aplicaciones han hecho de Slack

una herramienta indispensable para muchas empresas.

6. **Square:** Fundada por Jack Dorsey, cofundador de Twitter, Square ha hecho más accesibles los pagos electrónicos para pequeñas empresas. La solución de pago móvil ha eliminado la necesidad de costosos terminales de punto de venta (POS), facilitando transacciones seguras y eficientes.
7. **Palantir:** Especializada en el análisis de datos, Palantir ha desarrollado plataformas potentes para el procesamiento y análisis de grandes cantidades de información, ayudando a organizaciones y gobiernos a tomar decisiones informadas y actuar de manera más efectiva.

Estas empresas representan una amplia variedad de sectores y modelos de negocio, pero todas comparten la capacidad de innovar, adaptarse y capitalizar las oportunidades emergentes. Examinando sus trayectorias y estrategias adoptadas, se puede obtener una visión más profunda de cómo alcanzar el éxito en un mercado en constante evolución.

En conclusión, el análisis de casos de estudio y casos de éxito es un ejercicio crucial para comprender a fondo cómo diferentes empresas, operando en diversos sectores, han aprovechado la innovación, estrategias de mercado y capacidad de adaptación para surgir y prosperar

en mercados competitivos y en constante evolución.
Uno de los aspectos clave es la importancia de la innovación y la capacidad de anticipar o responder rápidamente a los cambios del mercado y a las necesidades de los consumidores. Empresas como Netflix y Spotify, por ejemplo, han revolucionado sectores enteros gracias a su capacidad para ofrecer nuevos modelos de consumo y servicios personalizados, convirtiéndose en líderes indiscutibles en sus respectivos campos.
Otro factor crucial es la habilidad para crear y mantener una ventaja competitiva, que puede derivar de la eficiencia operativa, la calidad del producto, la identidad de marca o una combinación de estos elementos. Zara, por ejemplo, ha construido su éxito en la eficiencia de la cadena de suministro y en la capacidad de interpretar rápidamente las tendencias del mercado, características que le han permitido destacarse en un sector altamente competitivo.
Además, la atención a las necesidades de los clientes y la capacidad de ofrecer soluciones efectivas y convenientes son elementos distintivos de las empresas exitosas. Shopify y Square, por ejemplo, han respondido a necesidades específicas del mercado ofreciendo servicios intuitivos y accesibles, facilitando la

entrada al comercio electrónico y los pagos digitales para pequeñas empresas y comerciantes.
La resiliencia y la adaptabilidad frente a desafíos y cambios en el mercado son igualmente esenciales. Las empresas deben ser capaces de navegar a través de crisis, como la pandemia de COVID-19, y aprovechar las oportunidades emergentes, adaptando sus modelos de negocio y operativos a las nuevas circunstancias y a las cambiantes necesidades de los consumidores.
Finalmente, el examen de estas historias de éxito destaca la importancia de la visión estratégica y el liderazgo sólido. La capacidad de anticipar las tendencias futuras, tomar decisiones informadas y motivar y dirigir los recursos humanos son habilidades esenciales para construir y mantener un negocio exitoso en un entorno global y en constante evolución.
En resumen, el estudio detallado de estas historias de éxito proporciona valiosas lecciones e información que pueden guiar a emprendedores, gerentes y profesionales en la formulación e implementación de estrategias efectivas para lograr el éxito en el contexto empresarial contemporáneo.

26. Fallos y Lecciones Aprendidas

Al examinar los fracasos y las lecciones aprendidas en el mundo empresarial, es evidente que las empresas pueden enfrentar numerosos desafíos y dificultades que pueden llevar a resultados negativos si no se gestionan adecuadamente. Sin embargo, incluso en situaciones de fracaso, hay valiosas lecciones que pueden informar y guiar esfuerzos empresariales futuros.

Uno de los aspectos críticos que emerge es la importancia de una sólida gestión financiera. Empresas como Lehman Brothers experimentaron un colapso devastador debido a prácticas financieras arriesgadas y falta de transparencia, lo que destaca la importancia de la prudencia financiera y el cumplimiento normativo. Las lecciones aprendidas de estos fracasos llevaron a reformas regulatorias y una mayor conciencia sobre la gestión del riesgo en el sector financiero.

La importancia de comprender y responder a las necesidades de los consumidores es otro tema clave. Blockbuster, en otro tiempo líder en la venta y alquiler de películas, experimentó un rápido declive debido a su incapacidad para adaptarse al surgimiento de la digitalización y los servicios de streaming en línea. Su historia sirve como advertencia a las empresas sobre la importancia de mantenerse al día con las evoluciones tecnológicas y los cambios en el comportamiento de los consumidores.

La adaptabilidad y flexibilidad son cualidades esenciales que pueden ayudar a las empresas a superar desafíos inesperados y aprovechar nuevas oportunidades. Kodak, por ejemplo, a pesar de ser un pionero en la tecnología fotográfica, luchó con la transición a la era digital y eventualmente se declaró en quiebra. Su historia destaca la necesidad de innovar continuamente y estar listo para renovarse para mantener la competitividad.

Además, la gestión de recursos humanos es un factor fundamental para el éxito de una empresa. Las organizaciones que no pueden motivar, involucrar y valorar a su personal pueden experimentar problemas de productividad, rotación de empleados e insatisfacción, lo que finalmente puede afectar negativamente el rendimiento empresarial.

Finalmente, la falta de una visión y estrategia clara puede ser fatal para las empresas. Las empresas deben tener una comprensión clara de sus objetivos a largo plazo, sus fortalezas y debilidades, y los mercados en los que operan. Una planificación y análisis inadecuados pueden

llevar a decisiones equivocadas y pérdida de oportunidades de mercado.
En conclusión, los fracasos empresariales brindan importantes oportunidades de aprendizaje. Analizar las causas de los fracasos y comprender las lecciones aprendidas puede ayudar a los empresarios y gerentes a evitar errores similares, desarrollar estrategias más resistentes y adaptables, y construir empresas más sólidas y sostenibles con el tiempo.
Continuando con la exploración de los fracasos y lecciones aprendidas, queda claro cómo el entorno externo y el contexto del mercado desempeñan un papel significativo en determinar el éxito o el fracaso de una empresa. El impacto de factores macroeconómicos, cambios legislativos, dinámicas de competencia y la evolución de las preferencias de los consumidores pueden alterar profundamente el panorama en el que opera una empresa, lo que hace que un análisis ambiental preciso sea esencial.
La crisis económica de 2008 destacó cómo la vulnerabilidad a los shocks económicos externos puede tener efectos devastadores en las empresas, independientemente de su tamaño o el sector en el que operan. La crisis resaltó la importancia de mantener una estructura financiera sólida, diversificar las fuentes de

ingresos y tener planes de contingencia en marcha para enfrentar períodos de incertidumbre económica.
La emergencia sanitaria global de COVID-19 ha puesto de relieve aún más la necesidad de que las empresas sean resistentes y flexibles. Muchas organizaciones se vieron obligadas a repensar sus modelos de negocio, a moverse hacia el comercio electrónico y a encontrar nuevas formas de interactuar con los clientes. Esta experiencia subrayó la importancia de la innovación continua y la capacidad de adaptación para mantener la relevancia y vitalidad en un mundo en constante evolución.
La dinámica del mercado y la competencia son también determinantes cruciales del éxito. Empresas como Yahoo! han experimentado un declive en su fortuna debido a una competencia creciente y a la incapacidad de diferenciarse eficazmente en el mercado. Yahoo! solía dominar el mundo de los motores de búsqueda y los servicios en internet, pero su incapacidad para innovar y mantenerse al ritmo de las necesidades del mercado la llevó a ser superada por competidores más ágiles y orientados hacia el futuro.
Otro factor clave es la reputación y percepción de la marca. Las empresas que no gestionan efectivamente su imagen pública y no responden

proactivamente a las preocupaciones de los clientes y partes interesadas pueden sufrir daños a largo plazo en su reputación. Un caso emblemático es el de Enron, cuya falta de ética empresarial y prácticas comerciales incorrectas llevaron a su colapso y tuvieron repercusiones duraderas en la confianza del público en las empresas.

Además, las empresas deben prestar atención a la evolución de las tecnologías y al impacto que pueden tener en los modelos de negocio existentes. El ascenso de la tecnología blockchain, la inteligencia artificial y el Internet de las Cosas (IoT) está revolucionando sectores enteros, y las empresas que no adoptan e integran estas tecnologías corren el riesgo de quedarse rezagadas.

La sostenibilidad es otra consideración cada vez más importante. Las empresas que no adoptan prácticas sostenibles y no consideran el impacto ambiental y social de sus operaciones pueden enfrentar riesgos crecientes, tanto en términos de cumplimiento normativo como en percepción pública. El creciente compromiso hacia la sostenibilidad por parte de consumidores, inversores y legisladores hace esencial que las empresas integren la sostenibilidad en sus estrategias empresariales.

Finalmente, comprender la cultura organizativa y la participación de los empleados son aspectos esenciales para construir y mantener una organización exitosa. La gestión del talento, el desarrollo de habilidades y la creación de un entorno laboral inclusivo y motivador son factores que contribuyen a mejorar la productividad y la satisfacción de los empleados, y por lo tanto, a la resiliencia y al éxito a largo plazo de la empresa.

Considerando todas estas dinámicas, es claro que las empresas deben adoptar un enfoque holístico y multifacético para navegar eficazmente el complejo panorama empresarial actual y aprender continuamente de los desafíos y fracasos del pasado.

Un aspecto adicional a explorar al analizar los fallos y lecciones aprendidas es la gestión de riesgos. Las empresas que no identifican, evalúan y mitigan los riesgos de manera proactiva pueden enfrentarse a pérdidas significativas y daños irreparables.

Por ejemplo, no considerar los riesgos asociados con los cambios climáticos, como eventos meteorológicos extremos y regulaciones más estrictas, puede tener impactos directos e indirectos en las operaciones empresariales, en la cadena de suministro y en la reputación de la empresa.

Al mismo tiempo, los asuntos legales y de cumplimiento se han vuelto cada vez más complejos, lo que requiere que las empresas estén al día con las leyes y regulaciones vigentes en los mercados en los que operan. El incumplimiento puede acarrear sanciones financieras, acciones legales y daños a la reputación, comprometiendo así la confianza de los stakeholders y afectando negativamente el rendimiento de la empresa.
Además, en la era digital, la seguridad cibernética se ha convertido en una prioridad para empresas de todas las dimensiones y sectores. Los crecientes ataques cibernéticos y las violaciones de datos ponen en riesgo la información sensible de los clientes y de la empresa, con consecuencias financieras y de reputación. Las empresas que no invierten adecuadamente en seguridad cibernética y no implementan medidas preventivas pueden sufrir pérdidas significativas.
Otro aspecto crítico es la gestión de las relaciones con los clientes. La insatisfacción del cliente y la ineficacia en la gestión de quejas pueden llevar a pérdidas de clientes y a reseñas negativas, lo que afecta la imagen de la empresa y su capacidad para atraer nuevos clientes. Las empresas que no ponen al cliente en el centro de su estrategia y no invierten en servicio al cliente y relaciones

pueden enfrentar dificultades para mantener y aumentar su cuota de mercado.
La capacidad de prever y adaptarse a los cambios en el mercado es fundamental. La innovación continua y la anticipación de las tendencias del mercado permiten a las empresas mantenerse competitivas y crear productos y servicios que satisfacen las crecientes expectativas de los consumidores. Las empresas que no pueden innovar y adaptarse pueden perder terreno frente a competidores más ágiles y receptivos.
Además, la gestión financiera y la planificación estratégica son elementos clave para la estabilidad y el crecimiento empresarial. Las empresas que no manejan eficazmente los recursos financieros y no planifican de manera proactiva pueden tener dificultades para sostener las operaciones e invertir en nuevas oportunidades.
Finalmente, la cultura empresarial y la participación de los empleados siguen siendo factores determinantes para el éxito a largo plazo. Las empresas que no valoran a sus empleados y no promueven un entorno laboral positivo pueden enfrentar una alta rotación, baja motivación y una reducción en la productividad.
En resumen, considerar y analizar cuidadosamente todos estos elementos y aprender de las experiencias pasadas es esencial

para evitar fracasos y asegurar la resiliencia y el éxito de las empresas en el actual y competitivo entorno dinámico.

Otro aspecto clave en los fracasos y lecciones aprendidas es la capacidad de las empresas para gestionar y prevenir conflictos internos. Las disputas entre miembros del equipo, entre departamentos diferentes o entre el liderazgo y el personal pueden erosionar la cohesión empresarial, disminuir la productividad y contribuir a crear un entorno de trabajo tóxico. Las empresas que aprenden de estas situaciones invierten en formación sobre gestión de conflictos y promueven la comunicación y la colaboración en todos los niveles.

La sostenibilidad es otro tema central en el panorama actual. Las empresas que no integran prácticas sostenibles en sus modelos de negocio pueden enfrentar crecientes presiones por parte de los stakeholders, inversores y consumidores. La falta de iniciativas sostenibles también puede limitar el acceso a nuevos mercados y reducir la competitividad de la empresa. Las lecciones aprendidas en este ámbito impulsan a las empresas a adoptar estrategias a largo plazo para reducir el impacto ambiental y promover la responsabilidad social.

La digitalización es otro aspecto fundamental. En el contexto actual, caracterizado por avances tecnológicos rápidos, las empresas que no adoptan la digitalización pueden quedarse rezagadas. La falta de habilidades digitales, la resistencia al cambio y la falta de inversiones en tecnología pueden limitar la capacidad de la empresa para competir e innovar. Aprender de estos desafíos anima a las empresas a desarrollar habilidades digitales y a adoptar soluciones tecnológicas avanzadas.

Además, la gestión del capital humano es esencial. Las empresas que no valoran y desarrollan el talento pueden tener dificultades para atraer y retener a los mejores profesionales. La ausencia de planes de desarrollo profesional, la falta de oportunidades de carrera y la falta de equidad salarial pueden contribuir a alimentar la insatisfacción de los empleados y afectar negativamente el desempeño empresarial.

La flexibilidad estratégica representa otro factor crucial. Las empresas deben ser capaces de adaptarse rápidamente a cambios inesperados en el mercado, a nuevas oportunidades o a desafíos emergentes. Una planificación rígida y la falta de agilidad pueden dificultar que una empresa navegue en un entorno empresarial en evolución y pueden llevar a pérdidas financieras y fracasos.

Finalmente, la importancia de la inteligencia emocional en el liderazgo no puede ser subestimada. Los líderes que no muestran

empatía, que no se comunican eficazmente y que no motivan a sus equipos pueden contribuir al descontento de los empleados y a una disminución en la moral, lo que a su vez puede afectar negativamente los resultados empresariales.
Todas estas consideraciones destacan la complejidad de la gestión empresarial y la importancia de aprender continuamente de los desafíos y fracasos para construir organizaciones resilientes y exitosas.

Concluyendo, el aspecto de "Fallos y Lecciones Aprendidas" es de vital importancia para cualquier empresa que aspire a crecer y prosperar en un entorno empresarial en constante evolución. Las organizaciones deben adoptar un enfoque proactivo para identificar y analizar los fallos, acogiendo estos momentos como oportunidades valiosas para aprender y mejorar.
La atención a la gestión de conflictos internos, la implementación de prácticas sostenibles, la adopción de la digitalización, el valor del capital humano, la flexibilidad estratégica y el desarrollo de la inteligencia emocional en el liderazgo son todas áreas clave que, si se descuidan, pueden conducir a fracasos empresariales. Por el

contrario, si se abordan con cuidado, pueden convertirse en pilares de éxito y crecimiento.
Las empresas también deben desarrollar una cultura organizativa que fomente la comunicación abierta y honesta, promoviendo un entorno en el que los empleados se sientan valorados y escuchados. La creación de un ambiente de trabajo inclusivo y de apoyo puede ayudar a prevenir el descontento y mejorar la productividad y la satisfacción de los empleados.
Un enfoque sistemático y bien estructurado en la gestión del riesgo también es indispensable. La habilidad de anticipar, identificar y mitigar los riesgos puede ayudar a las empresas a navegar con éxito a través de los desafíos del mercado y evitar errores costosos. Además, una comprensión profunda del mercado, los competidores y las necesidades de los clientes es fundamental para desarrollar estrategias efectivas y adaptarse a las dinámicas en constante cambio del sector.
Finalmente, es esencial que las lecciones aprendidas se integren en el ADN de la empresa a través de la formación continua, la revisión de los procesos y la creación de mecanismos de retroalimentación. Solo adoptando un enfoque holístico hacia el aprendizaje organizativo, las empresas pueden aspirar a transformar los fallos en oportunidades, promoviendo la innovación,

mejorando la competitividad y construyendo un futuro sostenible y próspero.
En resumen, la reflexión sobre los fallos y el aprendizaje derivado de ellos son componentes imprescindibles para el progreso empresarial. Representan la clave para evolucionar, adaptarse y prosperar en un mundo empresarial cada vez más complejo y desafiante.

27. Papel de las Tecnologías Emergentes (Blockchain, IA, etc.)

El papel de las tecnologías emergentes, como Blockchain, Inteligencia Artificial (IA), Internet de las Cosas (IoT) y otras, es fundamental para dar forma al futuro de los negocios y establecer nuevos paradigmas operativos y de mercado. Estas tecnologías se han convertido en motores de innovación, creando oportunidades sin precedentes para empresas en diversos sectores.
1. Blockchain: Ofrece transparencia, seguridad y descentralización. En sectores desde finanzas hasta salud, esta tecnología permite rastrear

transacciones y garantizar la integridad de los datos. Las empresas están explorando su uso para mejorar la cadena de suministro, reducir costos y prevenir fraudes.

2. Inteligencia Artificial (IA): Capaz de analizar datos complejos, reconocer patrones y tomar decisiones. Se utiliza para optimizar procesos comerciales, mejorar el servicio al cliente a través de chatbots y asistentes virtuales, detectar fraudes y predecir tendencias de mercado. La IA también puede respaldar la innovación de productos y la personalización de ofertas.

3. Internet de las Cosas (IoT): Conecta dispositivos físicos a Internet, permitiéndoles comunicarse entre sí y con los usuarios. Esta conectividad está revolucionando sectores como fabricación, agricultura y salud, mediante monitoreo en tiempo real, mantenimiento predictivo y recolección de datos a gran escala.

4. Realidad Aumentada y Virtual (AR/VR): Se aplican en formación, marketing, diseño de productos y servicios de asistencia. Por ejemplo, permiten a los clientes visualizar productos en un entorno virtual antes de la compra o a técnicos recibir asistencia remota.

5. 5G: La quinta generación de tecnología móvil permite la comunicación en tiempo real y el procesamiento de datos a alta velocidad. Esto da origen a nuevas oportunidades en IoT, vehículos autónomos, telemedicina y mucho más.

6. Robótica y Automatización: La adopción de robots y soluciones de automatización mejora la eficiencia operativa, reduce costos y elimina errores humanos. En particular, la robótica colaborativa permite una mayor interacción y cooperación entre humanos y máquinas.

Las tecnologías emergentes están redefiniendo la forma en que las empresas operan, compiten y crean valor. La capacidad para adoptar e integrar estas tecnologías puede determinar el éxito o el fracaso en el mercado actual. Sin embargo, es crucial que las empresas aborden los desafíos éticos, de privacidad y seguridad asociados con la adopción de estas tecnologías para garantizar un progreso sostenible y responsable.

El Rol Fundamental de las Tecnologías Emergentes

El papel de las tecnologías emergentes está profundamente arraigado en el desarrollo y progreso de múltiples sectores industriales y comerciales. Las posibilidades ofrecidas por estas tecnologías son inmensas y se están expandiendo de maneras innovadoras y revolucionarias.

- **Computación en la Nube:** Ha cambiado la forma en que las empresas almacenan, acceden y comparten datos. Ofrece escalabilidad, flexibilidad y ahorro de costos, permitiendo a las organizaciones responder rápidamente a las demandas del mercado e implementar nuevas soluciones.

- **Big Data y Analítica:** Permite a las empresas extraer información valiosa para optimizar operaciones, tomar decisiones informadas y crear productos o servicios personalizados. Las herramientas analíticas son esenciales para comprender las tendencias del mercado y el comportamiento del consumidor.
- **Ciberseguridad:** Con la creciente digitalización, la seguridad de la información se ha convertido en una preocupación central. Las soluciones de ciberseguridad son esenciales para proteger datos sensibles, prevenir ataques informáticos y garantizar la continuidad operativa.
- **Tecnologías Sostenibles:** La adopción de tecnologías sostenibles se vuelve crucial para reducir la huella ecológica de las empresas. Energías renovables, materiales biodegradables y soluciones de eficiencia energética son algunas de las innovaciones que están impulsando la transición hacia una economía verde.
- **Biotecnología y Nanotecnología:** Estas áreas están produciendo cambios significativos en la medicina, agricultura y producción de materiales. Pueden contribuir al desarrollo de

tratamientos médicos avanzados, alimentos más nutritivos y materiales más resistentes.

- **Fabricación Aditiva:** La impresión 3D está revolucionando la producción, permitiendo la creación de objetos complejos, personalización masiva y reducción de tiempos y costos de producción.
- **Digital Twin:** La tecnología Digital Twin permite crear una réplica digital de un objeto o sistema físico. Esto facilita la monitorización, el análisis y la simulación de situaciones en un entorno virtual, optimizando el mantenimiento y la gestión de recursos. La incorporación de estas tecnologías en las estrategias empresariales no es solo una elección proactiva, sino que se convierte en un imperativo. Las empresas deben mantenerse alerta y adaptarse rápidamente a la evolución tecnológica para mantener la competitividad y satisfacer las crecientes expectativas de los clientes. Además, es importante considerar las implicaciones éticas y sociales de estas tecnologías y promover un enfoque responsable e inclusivo para su desarrollo tecnológico.
- **Inteligencia Artificial (IA) y Aprendizaje Automático:** Estas tecnologías están revolucionando varios sectores gracias a su capacidad de aprender y tomar decisiones. En la distribución minorista, la IA se emplea para el

análisis predictivo de ventas, la optimización de precios, la gestión de inventario y la asistencia al cliente a través de chatbots. El aprendizaje automático, en particular, es fundamental para el reconocimiento de patrones y el análisis del comportamiento del consumidor.

- **Blockchain:** La blockchain está encontrando aplicaciones más allá de las criptomonedas. En el sector minorista, puede utilizarse para rastrear el origen y la procedencia de los productos, asegurando transparencia y confianza entre los consumidores. Además, puede simplificar transacciones y reducir costos a través de contratos inteligentes.
- **Realidad Aumentada y Virtual (AR/VR):** La AR y la VR están cambiando la experiencia de compra al ofrecer a los clientes la posibilidad de visualizar productos en un entorno tridimensional o probar ropa y accesorios virtualmente. Estas tecnologías también contribuyen a la formación del personal y al diseño de puntos de venta.
- **Internet de las Cosas (IoT):** El IoT permite la conexión de dispositivos físicos a la red, recolectando datos y brindando nuevas posibilidades de interacción. En la distribución minorista, puede usarse para monitorear las condiciones de almacenamiento de productos, gestionar la iluminación y la climatización de las

tiendas y ofrecer servicios personalizados a través de dispositivos móviles.

- **Automatización y Robótica:** La automatización de procesos y el uso de robots están reduciendo los tiempos y costos de gestión. Los robots pueden emplearse para reponer mercancías, el inventario y la entrega, mientras que la automatización puede simplificar las operaciones de caja y el servicio al cliente.
- **5G:** La quinta generación de tecnología móvil está mejorando la velocidad y la confiabilidad de las conexiones a internet. Esto es fundamental para respaldar la implementación de tecnologías avanzadas como el IoT, AR/VR y la automatización, además de mejorar la experiencia de compra en línea y en tiendas físicas.
- **Economía Circular:** La adopción de modelos de negocios circulares es fundamental para reducir el impacto ambiental de la distribución minorista. Esto incluye reciclaje, reutilización y reducción de desechos, así como fomentar el consumo responsable.

La importancia de mantenerse actualizado con las evoluciones tecnológicas e integrarlas de manera efectiva en las estrategias empresariales es crucial para la sostenibilidad y el éxito a largo plazo en el sector minorista. Esto también implica la necesidad de invertir en la formación y desarrollo de habilidades de los trabajadores y considerar las implicaciones sociales y éticas de la adopción de nuevas tecnologías.

Big Data y Analítica: El empleo de Big Data y Analítica es fundamental para analizar grandes volúmenes de datos en tiempo real. Esto permite a los minoristas obtener información valiosa sobre los comportamientos de compra, preferencias y tendencias de los consumidores, lo que permite personalizar ofertas y servicios, mejorar la gestión de inventario y optimizar los precios.

Ciberseguridad: Con el aumento de la digitalización, la protección de los datos de los clientes y las transacciones se vuelve cada vez más crucial. Invertir en soluciones sólidas de ciberseguridad es esencial para prevenir violaciones de datos y garantizar la confianza de los clientes.

E-Commerce y Plataformas en Línea: La expansión de las plataformas de comercio electrónico es una tendencia imparable, con cada vez más consumidores que prefieren comprar en línea. El comercio minorista debe adaptarse a esta realidad, mejorando su presencia en línea, optimizando la logística e integrando soluciones omnicanal.

Sostenibilidad y Responsabilidad Social: La adopción de prácticas sostenibles y responsables es cada vez más demandada por los consumidores. Esto implica el uso de fuentes de energía renovable, la reducción del uso de plástico, la implementación de programas de responsabilidad social corporativa y la promoción de productos respetuosos con el medio ambiente.

Drones y Vehículos Autónomos: El uso de drones y vehículos autónomos para la entrega de mercancías se está volviendo cada vez más concreto. Estas tecnologías pueden reducir los costos de envío, aumentar la eficiencia y disminuir el impacto ambiental de las entregas.

Personalización y CRM: Las soluciones de Gestión de Relaciones con los Clientes (CRM) y la personalización son esenciales para construir relaciones duraderas con los clientes. Esto incluye programas de fidelización, ofertas personalizadas y comunicación directa para aumentar la retención de clientes y el valor del ciclo de vida del cliente.

Gemelo Digital: La tecnología de Gemelo Digital permite crear una réplica virtual de un producto, proceso o servicio. Esto ayuda en la simulación, análisis y control, lo que permite probar nuevas estrategias y optimizar las operaciones sin interferir con el sistema físico.

Impresión 3D: La impresión 3D ofrece nuevas posibilidades en la producción y personalización de productos, lo que permite reducir costos y tiempos de producción y ofrecer soluciones personalizadas a los clientes.

Pagos Digitales y Criptomonedas: El aumento de los pagos digitales y la incorporación de las criptomonedas como método de pago introducen nuevas formas de transacción, reduciendo costos y aumentando la seguridad y la velocidad de las transacciones. Estas tendencias y evoluciones tecnológicas delinean un panorama en constante cambio, donde la gran distribución debe navegar con sabiduría para mantener su competitividad y satisfacer las crecientes expectativas de los consumidores. La capacidad de adaptación y la innovación son claves esenciales para el éxito en el sector.
La evaluación del impacto y la implementación de las tecnologías emergentes en el sector de la gran distribución son cruciales para su desarrollo futuro y su resiliencia. Para concluir, es pertinente subrayar algunos aspectos clave y sugerir algunas estrategias para el futuro:

1. **Adaptabilidad e Innovación:** La velocidad con la que emergen nuevas tecnologías implica que la gran distribución debe permanecer ágil y adaptable. La continua innovación, la adopción

de nuevas soluciones tecnológicas y la anticipación de tendencias pueden crear una ventaja competitiva sustancial.

2. **Inversión y Formación:** La inversión en nuevas tecnologías es fundamental, pero igualmente importante es invertir en la formación del personal. Esto asegura que los empleados puedan utilizar efectivamente las nuevas tecnologías, optimizando los beneficios y reduciendo los riesgos.
3. **Seguridad y Ética:** Mientras se exploran las potencialidades de las nuevas tecnologías, la seguridad de los datos y la consideración de las implicaciones éticas son fundamentales. La confianza de los consumidores puede ser fácilmente comprometida y, por lo tanto, debe ser salvaguardada a través de prácticas responsables y transparentes.
4. **Sostenibilidad:** La sostenibilidad es un impulsor clave en el comportamiento de los consumidores modernos. La integración de tecnologías que contribuyan a la sostenibilidad ambiental y social puede no solo mejorar la imagen de la empresa, sino también abrir nuevas oportunidades de mercado.
5. **Colaboración y Asociaciones:** Formar asociaciones con startups tecnológicas, institutos de investigación y otras empresas puede acelerar la adopción de tecnologías emergentes. Este

enfoque colaborativo también puede ayudar a compartir los riesgos y oportunidades asociados con la innovación.

6. **Análisis y Evaluación Continua:** La implementación de cualquier nueva tecnología debe ir acompañada de un análisis constante de su impacto y efectividad. Esto permite realizar ajustes en tiempo real y garantiza que la inversión genere el retorno deseado.
7. **Experiencia del Cliente:** Finalmente, cada adopción de tecnología emergente debe evaluarse en términos de su impacto en la experiencia del cliente. La tecnología debe servir para mejorar la interacción del cliente con la empresa, satisfacer sus necesidades y superar sus expectativas.

En resumen, si bien las tecnologías emergentes ofrecen inmensas oportunidades para la gran distribución, es esencial que la adopción de estas tecnologías sea cuidadosamente planificada, éticamente responsable y orientada a la creación de valor tanto para la empresa como para los clientes. El futuro de la gran distribución está inextricablemente ligado a su capacidad para integrar con éxito las innovaciones tecnológicas en un panorama cada vez más dinámico y orientado al cliente.

28. Impacto en la Comunidad Local

El impacto de la gran distribución en la comunidad local es multifacético y posee una importancia considerable. Para evaluar completamente dicho impacto, es esencial explorar varios aspectos, incluyendo la economía local, el empleo, el medio ambiente y el tejido social.

1. **Economía Local:** La gran distribución puede influir significativamente en la economía local. Por un lado, la llegada de grandes cadenas comerciales puede aumentar la competencia, poniendo a veces en riesgo a las pequeñas empresas locales. Por otro lado, puede estimular la economía a través de la creación de empleo y el aumento del flujo de clientes en la zona.
2. **Empleo:** La creación de empleo es uno de los impactos más inmediatos. Sin embargo, es importante evaluar la calidad del empleo ofrecido en términos de salarios, condiciones laborales y oportunidades de crecimiento profesional.
3. **Medio Ambiente:** El impacto ambiental de la gran distribución es significativo. Las decisiones relacionadas con la sostenibilidad, la gestión de residuos, el uso de recursos y las emisiones de CO_2 afectan al entorno local y, en última instancia, a la calidad de vida en la comunidad.

4. **Integración Social:** La gran distribución puede contribuir a la formación del tejido social al ofrecer espacios de encuentro y servicios a la comunidad. Las iniciativas de Responsabilidad Social Empresarial (RSE) pueden mejorar la vida comunitaria y crear un vínculo positivo entre la empresa y los residentes locales.
5. **Acceso a Productos y Servicios:** La variedad y disponibilidad de productos y servicios pueden aumentar, mejorando el acceso a bienes diversificados y a precios competitivos. Esto puede ser especialmente beneficioso en áreas menos atendidas.
6. **Impacto en el Comercio Local:** La competencia con los pequeños comerciantes locales es un tema crítico. Mientras algunos comercios locales pueden verse afectados, otros pueden beneficiarse del aumento del tráfico en la zona.
7. **Contribución Fiscal:** Las grandes empresas contribuyen significativamente a los ingresos fiscales locales, que pueden reinvertirse en servicios públicos e infraestructuras, beneficiando así a toda la comunidad.
8. **Cultura e Identidad Local:** La presencia de la gran distribución puede influir en la cultura y la identidad local. Por un lado, puede llevar a la estandarización y a la pérdida de especificidades

locales; por otro, puede ofrecer oportunidades para promover productos y tradiciones locales. En conclusión, el impacto de la gran distribución en la comunidad local es complejo y multifacético. Es fundamental que tanto los tomadores de decisiones públicas como las propias empresas sean conscientes de las consecuencias de sus actividades y operen de manera responsable y sostenible, para crear un equilibrio entre el desarrollo económico y el bienestar de la comunidad. El diálogo, la colaboración y el compromiso con la sostenibilidad y el bienestar social son la base de una relación constructiva entre la gran distribución y la comunidad local.

1. El impacto de la gran distribución en la comunidad local es un tema tan rico y multidimensional que se extiende mucho más allá de los puntos mencionados anteriormente. Se entrelaza con dinámicas socioeconómicas, ambientales y culturales, reflejando las múltiples facetas de la vida comunitaria.
2. **Educación del Consumidor:** La gran distribución desempeña un papel clave en la educación de los consumidores sobre los productos que adquieren. Las etiquetas informativas, las campañas de concienciación y los programas de fidelización pueden influir en los hábitos de compra y el nivel de conciencia de

los consumidores sobre la sostenibilidad y el consumo responsable.

3. **Desarrollo Urbano:** La ubicación de los grandes centros comerciales puede determinar cambios significativos en la estructura urbana y en las dinámicas de movilidad. La urbanización, el aumento del tráfico y las modificaciones en los planes reguladores pueden alterar el equilibrio urbano y la habitabilidad de las ciudades.
4. **Relaciones con los Proveedores:** Las relaciones entre la gran distribución y los proveedores locales son fundamentales. La adopción de prácticas comerciales justas y la promoción de productos locales pueden estimular la economía local y respaldar la producción a pequeña escala.
5. **Innovación y Tecnología:** La introducción de tecnologías innovadoras en los procesos operativos y las estrategias de venta puede tener repercusiones en la comunidad local, estimulando la innovación y creando nuevas oportunidades profesionales.

6. Salud Pública: La gran distribución influye en la salud pública a través de la disponibilidad y promoción de alimentos saludables, el cumplimiento de estándares de higiene y la concientización sobre estilos de vida saludables. **7. Inclusión Social:** La accesibilidad y disponibilidad de bienes y servicios pueden contribuir a la inclusión social, especialmente en áreas desfavorecidas, donde la presencia de la gran distribución puede suplir deficiencias en la oferta comercial.

8. Gobernanza y Regulación: La interacción con las autoridades locales y el respeto a las normativas afectan el impacto en la comunidad. La colaboración con entidades públicas es fundamental para asegurar una integración armoniosa en el entramado local. **9. Responsabilidad Social:** Iniciativas de responsabilidad social, como apoyo a proyectos comunitarios y filantropía, pueden mejorar la percepción de la empresa y contribuir al bienestar de la comunidad.

10. Turismo y Atractivo Territorial: La presencia de grandes estructuras comerciales puede atraer visitantes de otras áreas, contribuyendo al desarrollo del turismo local y a la valorización del territorio.

Cada aspecto mencionado influye en la relación entre la gran distribución y la comunidad local, creando un sistema interconectado de oportunidades y desafíos. La gestión consciente de estas dinámicas es crucial para asegurar una coexistencia equilibrada y mutuamente beneficiosa.

En conclusión, es innegable que la gran distribución desempeña un papel predominante en la configuración socioeconómica y cultural de las comunidades locales. De este análisis surge claramente cómo sus actividades se entrelazan de forma inextricable con diversas esferas de la vida diaria y comunitaria.

En primer lugar, destaca el impacto significativo en la economía local. La gran distribución puede actuar como catalizador para el desarrollo económico, estimulando el empleo, fomentando el crecimiento de empresas locales a través de asociaciones y, al mismo tiempo, aumentando la competencia. Sin embargo, este impacto no siempre es positivo: la presión en los precios y las condiciones del mercado pueden poner en riesgo la supervivencia de las pequeñas empresas locales y modificar el equilibrio del mercado.

En términos de desarrollo urbano, el establecimiento de grandes estructuras comerciales altera inevitablemente la geografía de las ciudades y comunidades, modificando las dinámicas de movilidad y potencialmente desencadenando procesos de gentrificación. Por tanto, una planificación urbana cuidadosa y una estrecha colaboración con las autoridades locales son fundamentales para minimizar los impactos negativos.

Desde la perspectiva de la salud pública y la educación del consumidor, la gran distribución tiene la oportunidad y la responsabilidad de promover elecciones conscientes y estilos de vida saludables. La transparencia, el etiquetado claro de productos y la promoción de alimentos balanceados son aspectos cruciales en este contexto.

La inclusión social es otro pilar sobre el cual la gran distribución puede construir una relación constructiva con la comunidad local. Proporcionar acceso a bienes y servicios esenciales en las áreas más desfavorecidas, apoyar proyectos de integración e inclusión, son iniciativas que pueden contribuir a reducir las desigualdades y mejorar la cohesión social.

Finalmente, la innovación, la tecnología y las iniciativas de responsabilidad social representan áreas estratégicas a través de las cuales la gran distribución puede moldear su impacto en la comunidad, estimulando el desarrollo sostenible, creando nuevas oportunidades y fortaleciendo el vínculo con el territorio.

En resumen, aunque la gran distribución conlleva numerosos beneficios potenciales para las comunidades locales, los riesgos y desafíos no deben ser descuidados. Es imperativo que las empresas operen con conciencia, responsabilidad y un compromiso genuino hacia la sostenibilidad y el bienestar de las comunidades en las que están insertas. Solo a través de un enfoque equilibrado e inclusivo, basado en el diálogo y la colaboración con todas las partes interesadas, es posible construir un futuro armonioso y próspero.

29. Modelos de Negocio y Estrategias Competitivas

Los modelos de negocio y las estrategias competitivas en la gran distribución son esenciales para navegar en un mercado dinámico y altamente competitivo. Las empresas en este sector adoptan varios enfoques y estrategias para diferenciarse, atraer y retener clientes, y mantenerse relevantes en un entorno en constante evolución.

1. **Diferenciación de Productos:**
   - Las empresas buscan ofrecer productos únicos y de alta calidad, a menudo con marcas propias, para destacarse de la

competencia y crear su propia identidad de marca.

2. **Precios Competitivos:**
    - La fijación de precios es crucial. Algunas empresas adoptan una estrategia de liderazgo en costes, ofreciendo productos a precios bajos, mientras que otras se posicionan como premium, centrándose en la calidad y el valor añadido.
3. **Experiencia del Cliente:**
    - La inversión en la experiencia del cliente es fundamental. Esto incluye un servicio al cliente excelente, entornos de compra agradables, programas de fidelización y personalización de la oferta.
4. **Omnicanal y Digitalización:**
    - El sector de la gran distribución está abrazando cada vez más la omnicanalidad, integrando experiencias de compra en línea y fuera de línea e invirtiendo en plataformas digitales y tecnologías emergentes para mejorar la accesibilidad y la comodidad.
5. **Sostenibilidad y Responsabilidad Social:**
    - Un número creciente de consumidores está atento a prácticas sostenibles y éticas. Las empresas están respondiendo mediante la adopción de prácticas ecológicas, ofreciendo productos sostenibles y

aplicando iniciativas de responsabilidad social.

6. **Innovación y Adaptabilidad:**
   - La innovación es clave en un mercado en constante cambio. Las empresas deben estar listas para adaptarse, experimentar con nuevos formatos de tiendas, tecnologías y modos de interacción con los clientes.
7. **Expansión Geográfica y Diversificación:**
   - La expansión en nuevos mercados y la diversificación de la oferta permiten a las empresas reducir riesgos y acceder a nuevos segmentos de clientes.
8. **Asociaciones y Colaboraciones:**
   - Las alianzas estratégicas, las asociaciones y las colaboraciones con otras empresas pueden abrir nuevas oportunidades, mejorar la oferta y aumentar la competencia en el mercado.
9. **Eficiencia Operativa:**
   - La optimización de operaciones y la cadena de suministro son esenciales para reducir costos, mejorar la disponibilidad de productos y ofrecer un servicio al cliente eficaz.

10. **Análisis de Datos e Inteligencia Artificial:**

- El uso avanzado de análisis de datos e inteligencia artificial permite comprender mejor los comportamientos de los clientes, optimizar inventarios y personalizar estrategias de marketing.

En conclusión, la implementación e integración de estos modelos de negocio y estrategias competitivas son vitales para el éxito de las empresas en la gran distribución. En un entorno cada vez más complejo y desafiante, la capacidad de innovar, adaptarse y responder a las necesidades del consumidor determinará la sostenibilidad y el crecimiento a largo plazo.

Las empresas del sector de la gran distribución continúan explorando nuevos modelos de negocio y estrategias competitivas para mantenerse a la vanguardia. El entorno del mercado es fluido y las necesidades de los consumidores están en constante evolución, lo que requiere un enfoque proactivo e innovador.

Integración Vertical: Las empresas están explorando la integración vertical, controlando más la cadena de suministro desde el inicio hasta el final. Esto no solo permite una mayor coherencia y calidad de los productos, sino también una reducción de costos y un mejor control de las operaciones.

Compromiso con el Cliente: Invertir en la participación activa de los clientes a través de comunidades en línea, eventos exclusivos y programas de fidelización avanzados se está volviendo cada vez más central. El compromiso activo de los clientes contribuye a construir un vínculo más fuerte con la marca, estimulando la fidelidad y la retención.

Micro-Targeting y Personalización: Las técnicas de micro-targeting, basadas en el análisis de big data y machine learning, permiten ofrecer promociones y productos personalizados para cada consumidor, aumentando la relevancia y eficacia de las campañas de marketing.

Desarrollo de Marcas Propias: La creación y promoción de marcas propias permiten a las empresas ofrecer productos exclusivos, incrementando la diferenciación y el margen de beneficio. Estos productos suelen posicionarse como alternativas de alta calidad a las marcas nacionales.

Agilidad y Escalabilidad: La capacidad de escalar rápidamente y adaptarse a los cambios del mercado es esencial. La implementación de plataformas tecnológicas flexibles y la adopción de metodologías ágiles pueden ayudar a las empresas a responder rápidamente a nuevas oportunidades y desafíos.

Economía Circular: La integración de principios de economía circular en las operaciones y productos contribuye a reducir el impacto ambiental y satisfacer la creciente demanda de productos sostenibles y responsables.

Estrategias de Localización: La adaptación de la oferta a los gustos y preferencias locales puede ser un factor clave de éxito en nuevos mercados. Esto puede incluir ofrecer productos locales, personalizar el marketing y adaptar las experiencias en la tienda.

Inversión en I+D: La inversión continua en investigación y desarrollo es fundamental para mantener una ventaja competitiva. Esto implica el desarrollo de nuevos productos, la adopción de nuevas tecnologías y la innovación en los procesos operativos.

Exploración de Nuevos Canales de Distribución: Las empresas están constantemente buscando nuevos canales de distribución para llegar a los consumidores de manera innovadora. Esto puede incluir la expansión en nuevos formatos de tiendas, experimentar con modelos de venta directa al consumidor y colaborar con plataformas de comercio electrónico.

Educación del Consumidor: Educar a los consumidores sobre los valores de la marca, la

calidad de los productos y el compromiso con la sostenibilidad puede ayudar a construir una reputación positiva y estimular la demanda.
A través de la exploración y adopción de estas estrategias y modelos, las empresas de la gran distribución buscan navegar en un mercado en evolución, anticipando las tendencias, satisfaciendo las expectativas de los consumidores y construyendo un futuro sostenible y próspero.
Digitalización y Tecnología: En respuesta a la creciente prevalencia de tecnologías digitales, muchas empresas están fortaleciendo su presencia en línea y desarrollando aplicaciones y sitios web intuitivos y fáciles de usar. La digitalización no solo mejora la eficiencia operativa, sino que también ofrece nuevas oportunidades para la personalización y la interacción con los clientes a través de canales digitales.
Sostenibilidad y Responsabilidad Social: El creciente enfoque en la sostenibilidad está llevando a las empresas a reconsiderar sus prácticas operativas y su cadena de suministro. La adopción de envases ecológicos, la reducción de la huella de carbono y el apoyo a iniciativas sociales locales son algunas de las estrategias implementadas para construir una imagen de marca responsable y ética.

Retail Omnicanal: La evolución de las expectativas de los consumidores ha convertido el enfoque omnicanal en una necesidad para la gran distribución. La combinación de experiencias de compra en línea y fuera de línea busca ofrecer a los consumidores mayor conveniencia y flexibilidad.
Diversificación de la Oferta: Para mantener y aumentar la cuota de mercado, las empresas están constantemente explorando oportunidades de diversificación. Esto puede incluir la expansión en nuevas categorías de productos, la entrada en nuevos segmentos de mercado o la creación de colaboraciones y alianzas estratégicas.
Innovación en los Servicios: Más allá de los productos, la innovación en los servicios es otro pilar de las estrategias competitivas. Servicios como la entrega rápida, programas de suscripción y opciones de retiro flexibles pueden mejorar la experiencia del cliente y añadir valor. Además, la oferta de servicios complementarios, como asesoramiento nutricional o programas de reciclaje, puede ayudar a diferenciar la oferta y fidelizar a los clientes.

Focalización en Salud y Bienestar: Alineándose con las crecientes tendencias hacia un estilo de vida saludable, muchas empresas están ampliando su oferta de productos orgánicos, sin gluten, veganos y otras opciones saludables. La educación de los consumidores y la promoción de elecciones alimenticias conscientes se están convirtiendo en parte integral de las estrategias de marketing, con el objetivo de posicionar a la empresa como promotor de la salud y el bienestar.

Análisis de Datos e Insights del Consumidor: El acceso y análisis de grandes cantidades de datos sobre los consumidores permiten a las empresas comprender mejor los hábitos, preferencias y comportamientos de compra. Esta información es fundamental para desarrollar estrategias de marketing efectivas, optimizar la gama de productos y prever tendencias futuras. El uso avanzado de análisis y algoritmos de machine learning puede refinar aún más la capacidad de las empresas para tomar decisiones basadas en datos y personalizar la oferta.

Estas dinámicas, junto con las anteriores, delinean un panorama en constante cambio, donde la capacidad de adaptarse e innovar se convierte en la clave para el éxito a largo plazo en el sector de la gran distribución.

Globalización y Adaptación Local: La gran distribución a menudo opera a escala global, tratando de expandir su presencia en nuevos mercados. Esto requiere un equilibrio cuidadoso entre la adaptación a las preferencias locales y el mantenimiento de una identidad de marca coherente. Las empresas deben navegar entre diferentes regulaciones, culturas y hábitos de consumo, y a menudo crean surtidos de productos específicos para satisfacer las necesidades de los consumidores locales.

Integración Vertical: La integración vertical es otro modelo de negocio que muchas empresas de la gran distribución están adoptando. Controlar toda la cadena de valor, desde la producción hasta la distribución minorista, permite un mayor control sobre los costos, la calidad y la disponibilidad de los productos. Este modelo también puede facilitar la implementación de prácticas sostenibles y éticas a lo largo de la cadena de suministro.

Fidelización de Clientes y Programas de Lealtad: La creación y mantenimiento de la fidelidad del cliente son fundamentales para el éxito a largo plazo. Las empresas están invirtiendo en programas de fidelización, ofreciendo descuentos, premios y beneficios exclusivos a los miembros. El análisis de datos recopilados a través de estos programas puede ofrecer valiosos conocimientos sobre el comportamiento de los consumidores y ayudar a personalizar las ofertas y las comunicaciones.

Branding y Posicionamiento: El branding es esencial para diferenciarse en un mercado competitivo. Las empresas invierten significativamente en la construcción y mantenimiento de una imagen de marca fuerte que refleje los valores y la propuesta de valor de la empresa. El posicionamiento estratégico en el mercado, a través de la definición de un público objetivo específico y la comunicación efectiva de los puntos de diferenciación, es crucial para atraer y retener a los clientes.
Private Label y Marcas de Distribuidor: El ascenso de las marcas propias es una tendencia significativa en el sector de la gran distribución. Al crear y vender productos con su propia marca, las empresas pueden ofrecer precios más competitivos, manteniendo al mismo tiempo un margen de beneficio más alto. Esto también permite un mayor control sobre la calidad y la producción, y ofrece la posibilidad de construir una relación directa con los consumidores.
E-commerce y Logística: La expansión del e-commerce ha requerido una evolución de las infraestructuras logísticas. Las empresas están desarrollando soluciones logísticas innovadoras para gestionar los desafíos de la entrega a domicilio, como casilleros para el retiro de paquetes, drones y vehícululos autónomos. La eficiencia logística es fundamental para

mantener la satisfacción del cliente y garantizar la rentabilidad del negocio en línea.
Creación de Experiencias de Compra Únicas: Para atraer a los consumidores a las tiendas físicas, la gran distribución está experimentando con formatos de tienda innovadores y creando experiencias de compra únicas. Esto puede incluir áreas de degustación, eventos en la tienda, diseños de tienda inmersivos y la integración de tecnologías como la realidad aumentada.
Reglamentaciones y Normativas: Finalmente, las empresas deben enfrentar un entorno normativo cada vez más complejo y en evolución. Adaptarse a nuevas regulaciones sobre etiquetado de productos, seguridad alimentaria, protección de datos y sostenibilidad es esencial para operar de manera efectiva y mantener la confianza de los consumidores.
Mientras la gran distribución continúa navegando en este paisaje complejo y en rápida evolución, la capacidad de anticipar cambios, adaptarse e innovar seguirá siendo fundamental para el éxito futuro.

En conclusión, la gran distribución opera en un entorno que está constantemente moldeado por una serie de factores dinámicos e interconectados. La adopción de modelos de negocio innovadores y estrategias competitivas es imperativa para mantener la relevancia en el mercado y responder eficazmente a las necesidades en constante evolución de los consumidores.

Específicamente, las empresas del sector deben estar preparadas para navegar a través de los desafíos y oportunidades presentadas por la globalización y la adaptación local. El equilibrio entre mantener una identidad de marca coherente y adaptarse a las diversas necesidades de los consumidores en diferentes mercados es un aspecto crucial.

La importancia de la integración vertical, el branding y el desarrollo de marcas propias son igualmente esenciales para el control de la cadena de valor y la diferenciación en el mercado. Estos elementos, junto con los programas de fidelización, desempeñan un papel central en la construcción y el mantenimiento de relaciones duraderas con los consumidores, al mismo tiempo que proporcionan valiosos conocimientos para personalizar las ofertas.

Con la ascensión del comercio electrónico, la gran distribución también debe evolucionar sus infraestructuras logísticas, desarrollando soluciones innovadoras para satisfacer las crecientes expectativas de los consumidores en cuanto a conveniencia y rapidez de entrega. Al

mismo tiempo, la creación de experiencias de compra únicas en las tiendas físicas sigue siendo fundamental para atraer y retener a la clientela. Finalmente, la adaptación a un entorno regulatorio cada vez más complejo representa un desafío continuo. Las empresas deben mantenerse actualizadas y cumplir con las últimas regulaciones y normativas, salvaguardando así la confianza de los consumidores y mitigando los riesgos asociados a la no conformidad.
En resumen, el panorama de la gran distribución está en constante transformación, y las empresas deben adoptar un enfoque proactivo e innovador para navegar con éxito en este entorno dinámico. La implementación de estrategias competitivas y modelos de negocios flexibles, junto con la atención a las tendencias emergentes y a las necesidades de los consumidores, será crucial para el éxito a largo plazo en este sector.

30. Servicio al Cliente y Gestión de Reclamos

El Servicio al Cliente y la Gestión de Reclamos son componentes esenciales para cualquier empresa en el sector de la gran distribución. Estas funciones son fundamentales para mantener la confianza y la satisfacción del cliente, así como para mejorar continuamente la oferta de productos y servicios.

Servicio al Cliente El servicio al cliente representa el punto de contacto principal entre la empresa y los consumidores, y es crucial para construir y mantener relaciones positivas. Un servicio al cliente eficaz debe ser capaz de responder rápidamente a las preguntas de los clientes, resolver problemas, proporcionar información y asistencia, y gestionar cualquier reclamo de manera eficiente y profesional.

Las tecnologías modernas, como los chatbots, la inteligencia artificial y las plataformas de comunicación multicanal, están revolucionando la forma en que las empresas interactúan con los clientes. El uso de estas herramientas puede mejorar la velocidad y la eficacia del servicio al cliente, proporcionando respuestas oportunas y soluciones personalizadas.

La formación del personal encargado del servicio al cliente es igualmente importante. Los empleados deben estar dotados de las habilidades necesarias para manejar una variedad de situaciones y deben ser capaces de comunicarse de manera clara y empática.

Gestión de Reclamos La gestión de reclamos es un aspecto particular del servicio al cliente que se ocupa de resolver las quejas de los consumidores. Un sistema efectivo de gestión de reclamos debe ser capaz de identificar, registrar, dar seguimiento y resolver los reclamos de manera oportuna.

Es esencial tratar cada reclamo como una oportunidad de aprendizaje y mejora. Al analizar los datos de los reclamos, las empresas pueden identificar tendencias, aislar áreas problemáticas e implementar medidas correctivas para prevenir problemas futuros.

Además, la transparencia y la comunicación son fundamentales en el proceso de gestión de reclamos. Las empresas deben mantener a los clientes informados sobre el estado de sus reclamos y las acciones emprendidas para resolverlos. Una buena relación con el cliente durante este proceso puede contribuir a fortalecer la relación y mejorar la reputación de la empresa.

Conclusiones En conclusión, un excelente Servicio al Cliente y una sólida Gestión de Reclamos son indispensables para la satisfacción del cliente y la competitividad en el sector de la gran distribución. Invertir en personal calificado, tecnologías innovadoras y procesos eficientes puede contribuir significativamente al éxito a largo plazo de la empresa y a su reputación en el mercado.

En el contexto actual de la gran distribución, la centralidad del Servicio al Cliente y la Gestión de Reclamos no puede ser subestimada. Con la creciente necesidad de un servicio al cliente impecable, las empresas están explorando nuevas fronteras y adoptando estrategias innovadoras.

Evolución del Servicio al Cliente La evolución de los canales de comunicación ha ampliado el panorama del servicio al cliente. Las redes sociales, por ejemplo, se han convertido en un canal clave para la interacción con los clientes, permitiendo un diálogo directo y bidireccional. Esto permite a las empresas obtener comentarios en tiempo real y responder rápidamente a las necesidades de los clientes.

La personalización del servicio es otro aspecto crucial. Utilizando los datos de los clientes de manera ética, las empresas pueden ofrecer soluciones a medida y anticipar las necesidades de los consumidores, creando una experiencia más gratificante y fidelizadora para el cliente.

Proactividad en la Gestión de Reclamos La gestión proactiva de los reclamos es una estrategia emergente. En lugar de esperar a que los clientes presenten reclamos, las empresas están adoptando enfoques proactivos, como monitorear activamente las redes sociales y otros canales en línea para identificar y resolver posibles problemas antes de que escalen. Además, la implementación de sistemas de gestión de reclamos basados en tecnología permite una resolución más rápida y efectiva de las quejas. La automatización puede ayudar a categorizar y dirigir los reclamos al departamento correcto, reduciendo los tiempos de espera y mejorando la satisfacción del cliente.

Formación Continua y Desarrollo de Habilidades La importancia de la formación continua del personal no puede ser subestimada. Con el constante desarrollo de nuevas tecnologías y las expectativas de los clientes, es esencial que el personal esté adecuadamente formado y actualizado sobre las mejores prácticas del sector.

La empatía y la capacidad de escucha son habilidades fundamentales que todo personal del servicio al cliente debería poseer. La formación en estas áreas puede contribuir a crear un entorno más propicio para el diálogo y la resolución de problemas, mejorando la relación entre la empresa y el cliente.

Medición de la Satisfacción del Cliente Adoptar métodos efectivos para medir la satisfacción del cliente es fundamental. Esto puede incluir encuestas, entrevistas y análisis de datos en línea. Comprender lo que hace felices a los clientes y lo que se puede mejorar es crucial para la mejora continua del servicio al cliente y la gestión de reclamos.

Enfoque Holístico Finalmente, es fundamental adoptar un enfoque holístico. El Servicio al Cliente y la Gestión de Reclamos no son aislados, sino interconectados con otras funciones empresariales, como marketing, ventas y producción. La integración y la colaboración entre estos departamentos pueden conducir a una mayor coherencia y un servicio más efectivo.

Gestión del Servicio al Cliente y Reclamos en la Gran Distribución

La gestión óptima del Servicio al Cliente y los Reclamos en la gran distribución no se limita solo a la implementación de estrategias innovadoras y la adopción de nuevos canales de comunicación, sino que también requiere un compromiso profundo en el análisis del rendimiento y la mejora continua.

Adaptabilidad y Flexibilidad: Un aspecto crucial es la capacidad de las empresas para adaptarse rápidamente a las tendencias del mercado y a las cambiantes necesidades de los consumidores. La adaptabilidad y la flexibilidad son clave para mantener un alto nivel de servicio al cliente y gestionar efectivamente las quejas. Evaluar regularmente los procedimientos internos y la voluntad de actualizar prácticas obsoletas pueden contribuir significativamente a este proceso.

Importancia de la Tecnología: La tecnología desempeña un papel fundamental en esta esfera. La integración de soluciones tecnológicas avanzadas, como chatbots de IA y sistemas CRM, puede mejorar la capacidad de respuesta y la eficiencia del servicio al cliente. Sin embargo, es fundamental mantener un equilibrio entre la automatización y la interacción humana, asegurando que la tecnología no comprometa la calidad de la relación con el cliente.

Gestión de Datos: La gestión de datos juega un rol central. La recopilación y análisis de los datos de los clientes permiten no solo la personalización del servicio, sino también la identificación de áreas de mejora y la predicción de tendencias futuras. La protección de estos datos es igualmente esencial, y las empresas deben garantizar el cumplimiento de las regulaciones de privacidad y seguridad de la información.

Formación y Desarrollo del Personal: La formación y el desarrollo de habilidades del personal son elementos fundamentales. La formación debe ser continua y actualizada, cubriendo no solo las habilidades técnicas, sino también las habilidades relacionales y comunicativas. El personal debe estar preparado para manejar situaciones de estrés y resolver problemas de manera efectiva, manteniendo siempre una actitud positiva y constructiva.
Medición de la Satisfacción del Cliente: La medición de la satisfacción del cliente, a través de encuestas y comentarios, es otro pilar. Analizar estos datos permite comprender las necesidades de los clientes, mejorar continuamente los servicios ofrecidos y adaptarse a las expectativas del mercado.
Enfoque Holístico: Finalmente, el enfoque holístico subraya la importancia de la integración y colaboración entre los diferentes departamentos empresariales. La coherencia entre las estrategias de marketing, ventas, producción y servicio al cliente es indispensable para ofrecer una experiencia uniforme y satisfactoria al cliente.
En conclusión, el Servicio al Cliente y la Gestión de Reclamos en la gran distribución son campos en constante evolución que requieren un compromiso constante, la adopción de

tecnologías avanzadas, la formación del personal y un análisis minucioso del rendimiento. Solo a través de un enfoque holístico y una atención continua a la innovación y la adaptabilidad, las empresas podrán garantizar la satisfacción del cliente y mantener una posición competitiva en el mercado.

Resumen y Recursos para la Gran Distribución

A lo largo de este libro, hemos explorado varios aspectos de la gran distribución, ofreciendo un panorama completo de los distintos elementos que la caracterizan y de los desafíos a los que se enfrenta. Hemos analizado:

1. **Historia y Desarrollo:** La evolución histórica de la gran distribución y su influencia en el panorama actual del sector.
2. **Formatos y Tipos de Tiendas:** Diversos formatos y modelos de negocio, destacando sus características únicas.
3. **Tecnología y Digitalización:** La importancia de la tecnología, el comercio electrónico y la digitalización en la modernización del sector.
4. **Cadena de Suministro y Logística:** La complejidad de gestionar la cadena de suministro y optimizar la logística.

5. **Marketing y Publicidad:** Estrategias esenciales de marketing y publicidad para atraer y retener clientes.
6. **Responsabilidad Social Corporativa:** El creciente papel de la sostenibilidad y la ética en los negocios.
7. **Legislación y Normativas:** Leyes y regulaciones que rigen el sector.
8. **Recursos Humanos:** Gestión de recursos humanos y la importancia de la formación del personal.
9. **Crisis y Oportunidades:** Cómo el sector ha afrontado crisis como la pandemia del COVID-19 y las oportunidades emergentes.
10. **Innovaciones de Producto:** Tendencias actuales en el desarrollo de nuevos productos.
11. **Empaque y Etiquetado:** La evolución del empaque y etiquetado y su impacto en el consumidor.
12. **Tendencias Futuras y Perspectivas:** Reflexiones sobre las futuras tendencias y perspectivas de la gran distribución.
13. **Competencia y Diferenciación:** La creciente competencia y las estrategias de diferenciación.
14. **Análisis SWOT:** Evaluación de las fortalezas, debilidades, oportunidades y amenazas del sector.

15. **Estudios de Casos y Historias de Éxito:** Ejemplos prácticos de éxito y lecciones aprendidas de fracasos.
16. **Papel de las Tecnologías Emergentes:** El impacto de nuevas tecnologías como Blockchain e IA.
17. **Impacto en la Comunidad Local:** Cómo la gran distribución influye en las comunidades locales.
18. **Modelos de Negocio y Estrategias Competitivas:** Un análisis exhaustivo de las estrategias competitivas.
19. **Servicio al Cliente y Gestión de Reclamos:** La importancia de un servicio al cliente efectivo y gestión de reclamos.

Para obtener más información y profundizar, se pueden visitar sitios web especializados como: • **Nielsen:** Para datos y análisis de mercado (www.nielsen.com). • **Euromonitor International:** Para investigaciones de mercado global (www.euromonitor.com). • **IBISWorld:** Para informes de sector y análisis de mercado (www.ibisworld.com). • **Statista:** Para estadísticas y datos de mercado (www.statista.com).

Además, hay numerosas publicaciones y guías en línea, como las ofrecidas por Harvard Business Review, Forbes y Business Insider, que proporcionan artículos y estudios de casos sobre las tendencias de la gran distribución y estrategias empresariales.

En resumen, la gran distribución es un sector dinámico y en constante evolución, y mantenerse informado y actualizado sobre estos temas es esencial para aquellos interesados en comprender completamente sus dinámicas y desafíos futuros.

www.ingramcontent.com/pod-product-compliance
Lightning Source LLC
LaVergne TN
LVHW010649051026
849532LV00001B/227